JURACY SOARES

ENRIQUEÇA DORMINDO

UTILIZE SEU TEMPO LIVRE DE FORMA INTELIGENTE

COMO GERAR RENDA PASSIVA E ESCALÁVEL

VERMELHO MARINHO
RIO DE JANEIRO - 2018

Editor-chefe:
Tomaz Adour

Revisão:
Equipe Vermelho Marinho

Editoração Eletrônica:
Equipe Vermelho Marinho

Diagramação e Capa:
Marcelo Amado

Foto da quarta capa: https://pixabay.com

Consultoria de Escrita Central de Escritores:
Rose Lira.

Texto revisado segundo o novo Acordo Ortográfico da Língua Portuguesa.

S583e Soares, Juracy
Enriqueça dormindo / Juracy Soares.
Rio de Janeiro: Vermelho Marinho, 2018.
162 p. 14 x 21cm
ISBN: 978-85-8265-113-1
1. Finanças. 2. Empreendedorismo. 3. Título.
CDD 650

VERMELHO MARINHO
EDITORA VERMELHO MARINHO USINA DE LETRAS LTDA
Rio de Janeiro – Departamento Editorial:
Avenida Gilka Machado, 315 – bloco 2 – casa 6
Recreio dos Bandeirantes – Rio de Janeiro – RJ
CEP: 22795-570
www.editoravermelhomarinho.com.br

Juracy Soares

ENRIQUEÇA DORMINDO

Vermelho Marinho

Dedicatória

À minha mãe Lêda, que na falta de meu pai, dedicou-se a nos proporcionar – a mim e ao meu irmão – e para além de suas limitações, uma educação familiar e formal que nos forneceu a base para avançarmos em nossa formação.

Ao meu pai Juracy, que mesmo tendo deixado essa convivência terrena muito cedo, já nos proporcionou a estrutura familiar que viabilizou a construção de uma nova realidade, que teve que ser repensada com sua morte precoce. (in memorian)

À minha esposa Andréa, que me acompanha há mais de 26 anos e tem sido mulher, namorada, companheira e amiga em todos os momentos de nossa vida juntos, tendo me dado três filhos lindos e amados.

Aos nossos três filhos Felipe, Letícia e Juliana, pelo carinho que sempre demonstraram entre si e para comigo e a Andréa.

À minha avó materna Violêta, pelo carinho e atenção, além das lições e frases icônicas e divertidas, que me alegram desde a infância até hoje. (in memorian)

Agradecimentos

GRATIDÃO a todos os demais familiares que sempre me acolheram muito bem em toda minha jornada pessoal e profissional, especialmente ao meu sogro Alberto, minha sogra Isa, meus cunhados Alberto Filho e Karinne, meus sinceros agradecimentos por fazerem parte de minha vida. Grato também sou a todos os meus tios e tias paternos e maternos, primos e primas, pelo convívio, acolhida e apoio.

SOU ETERNAMENTE GRATO a todos os meus professores, empregadores, chefes, colegas de trabalho e de faculdade, por me estimularem, mesmo eventualmente com críticas e descrenças, o que para mim era sempre mais um estímulo à perseverança e superação.

Agradecimento especial ao Professor Pedro Coelho Neto, que foi professor e chefe, por suas observações e exigências no campo profissional, que me estimularam a procurar melhorar sempre.

Agradeço também todas as palavras de estímulo e observações de todos que decidiram participar – comigo – de mais essa jornada em minha vida, lendo os capítulos antes de serem publicados no formato livro. Amigos, colegas, familiares e seguidores nas redes sociais e profissional nas quais publiquei os rascunhos, tendo recebido diversos comentários que foram muito valiosos para mim.

Agradeço à Central de Escritores – Consultoria de Escrita na pessoa de sua executiva, Rose Lira, por ter acreditado no projeto deste livro e ter me orientado com muitas sacadas geniais e muito incentivo, além das conexões para que mais esse sonho viesse a ser materializado.

Agradeço ao Tomaz Adour, por ter comprado a ideia desde que ouviu pela primeira vez o título do livro e ouviu minha história. Por ter acreditado na realização de mais esse sonho meu, e me ajudado a torná-lo realidade.

Sumário

"Seu tempo é limitado. Então não o desperdice vivendo a vida dos outros. Não caia na armadilha do dogma que é viver pelo que os outros esperam. Não deixe o barulho das opiniões dos outros silenciar sua voz interior. E o mais importante: tenha a coragem de seguir seu coração e intuição. De alguma forma eles já sabem o que você realmente quer se tornar. Todo o resto é secundário."

Trecho do discurso de Steve Jobs, então presidente-executivo da Apple Computer e da Pixar Animation Studios, aos formandos da Universidade de Stanford, nos Estados Unidos em 12 de junho de 2005.

Prefácio

Você está prestes a embarcar em uma viagem que preparei especialmente para que descubra mais sobre muitas oportunidades de construção de canais de geração de renda que estão ao seu alcance.

Depois que – aos seis anos de idade – vi a minha família sofrer um forte golpe com a morte de meu pai, a ponto de desestruturar as finanças, percebi o quanto valem os atributos que detalho aqui neste livro.

O que relato aqui nesta obra é pura e simplesmente o que vivenciei até hoje, a partir de uma infância difícil até a construção de modelos de geração de renda passiva e escalável.

Para mim teria sido muito, mas muito mais fácil se eu tivesse encontrado esse conjunto de informações à minha disposição, quando iniciei minha trajetória profissional, aos dezesseis anos de idade.

Os 'segredos' que compartilho aqui com você podem – efetivamente – mudar sua vida para melhor, assim como mudou a minha e continua me orientando em minhas decisões.

Se você tem interesse em alavancar sua carreira, sua remuneração, iniciar ou aperfeiçoar seus negócios, certamente encontrará neste livro uma série de dicas valiosíssimas!

Aqui está a ignição; o ponto de partida para que você encontre a motivação e as instruções iniciais necessárias à mudança – para melhor – que você projetará em sua vida daqui por diante.

Como professor e palestrante, tenho assistido vários de meus alunos adotarem algumas de minhas orientações mais simples, mas que foram responsáveis por grandes melhorias em suas vidas e nas vidas de suas famílias.

Aconselho firmemente que leia capítulo por capítulo. Não pule nenhuma parte! E guarde este livro para futuras consultas e novas releituras. Certamente muitos insights lhe saltarão de uma nova forma, muito mais claros e úteis nas leituras seguintes!

O livro também deve servir como guia para que você crie grupos de estudos e debates sobre as ideias que detalho aqui. Organize com seus amigos de faculdade, do trabalho e vizinhos, grupos de leitura e estudos deste livro. Veja como vocês podem contribuir para as iniciativas de empreendedorismo de cada um. Veja quais as ideias que mais se adaptam a cada realidade de mercado, clientela e disponibilidade de recursos para iniciar uma nova atividade.

Além de todo o conteúdo que está registrado nestes capítulos, o livro lhe abrirá as portas para muito mais conteúdo. Sim! A partir da leitura você perceberá que poderá acessar nossa plataforma online e não só receber, como também contribuir com dicas, informações, ideias e questionamentos.

Desejo que você realize todos os seus sonhos e possa – efetivamente – construir um ou mais canais de geração de renda passiva para enriquecer dormindo.

Vamos juntos!

Apresentação

Decidi escrever um livro sobre como gerar renda passiva e escalável. Para me disciplinar e gerar uma obrigação semanal para com a obra, decidi ir publicando os capítulos em forma de artigos na internet em forma de rascunhos. Dessa forma, acabei ganhando estímulos extras de leitores (amigos, colegas, familiares e seguidores) e o que antes parecia um desafio, se transformou em algo enriquecedor e estimulante. Foi uma experiência diferenciada não só para mim, mas também para os leitores interessados pelo tema.

O objetivo do livro é apresentar estratégias alternativas para que você use o seu tempo livre de forma inteligente. O que é renda passiva e escalável? Como gerar esse tipo de renda? Como enriquecer dormindo? Essas e outras perguntas serão respondidas nesta obra. A ideia é que você, estando desempregado ou não, possa empreender utilizando o seu tempo livre.

Vou promover uma reflexão sobre a supervalorização do emprego formal no Brasil. Isso é bom? Isso é ruim? Mas vamos pensar juntos sobre essa questão após saber mais sobre o tema proposto 'Gerar renda passiva e escalável'. Mudar paradigmas em relação ao nosso ganho financeiro não é fácil, mas é possível, e quando mudamos nossa forma de pensar sobre isso, mudamos nossa qualidade de vida para melhor.

Na primeira parte, APRENDENDO A APRENDER, abordo princípios, competências e posicionamentos importantes para o empreendedorismo a partir da minha história de vida. Acredito que sem uma base de valor e poder pessoal, a aplicação de uma técnica ou utilização de uma ferramenta perde muito a sua potencialidade.

Na segunda parte, APRENDENDO A ENRIQUECER, vou para o cerne da questão, mostro passos, ferramentas, modelos, em suma, "o como fazer" para você enriquecer dormindo e acordar para um novo estilo de vida.

Em vários capítulos o leitor será surpreendido com dicas e ao fim de cada capítulo apresentarei alguns conceitos e sacadas necessárias para que os modelos indicados ao longo da obra façam sentido para você. É óbvio que – para alguns – a maioria das ideias e elementos listados no SACADA TEM NOME já são conhecidos. Porém, é muito importante que você dedique o tempo necessário para percorrer todos os insights relacionados nesse tópico. Para ser o mais didático possível, apresentarei em forma de glossário, mas sem o rigor técnico que seria exigido de algo concebido para tal fim.

Espero contar com sua leitura e comentários (acesse a comunidade online no website www.enriquecadormindo.com.br). Espero também que lhe seja útil. Espero que possa mudar – para melhor – a sua vida, como mudou, e continua mudando, a minha.

APRENDENDO A APRENDER

01

É errando que se "empreende"!

A importância de possuir um Plano E

> "O que nos parece uma provação amarga pode ser uma bênção disfarçada"
>
> Oscar Wilde, escritor

Sou filho de dois cearenses, mas pelo fato de meu pai ter sido transferido, logo após o casamento, para trabalhar em Recife, nascemos, eu e meu único irmão, na capital do estado pernambucano. Meu pai era funcionário público da SUDENE – Superintendência de Desenvolvimento do Nordeste.

O meu pai era o provedor da família. Trabalhava muito para pagar todas as contas e administrava todas as despesas de colégio, alimentação, moradia, viagens, lazer e tudo o mais que fosse necessário. Economizava mensalmente e já havia comprado outro imóvel, além do que já havia adquirido para morarmos. O objetivo era gerar renda de aluguel para a família.

Como Engenheiro Agrônomo, meu pai desenvolvia pesquisas e implantação de agricultura irrigada para a Sudene. E nessa atividade, passava a maior parte do mês viajando para as cidades do interior em que tais projetos estavam sendo instalados. Com isso, a maior parte do que recebia de remuneração vinha de verbas extras, como diárias, ajudas de custo de viagens, etc.

A história de nossa nova família era um "eterno" conto de fadas, pelo menos para mim. Tudo perfeito. Eu e meu irmão estudávamos, brincávamos e íamos à praia praticamente todos os dias da semana, já que morávamos a duas quadras da praia de Boa Viagem.

A minha mãe, até então, era "do lar". Ou seja, vivia para cuidar dos filhos, lavar, passar, cozinhar, e fazia pequenas compras de mantimentos para a semana, com o dinheiro que meu pai deixava para cobrir esses pequenos gastos. Minha mãe seguia um "modelo" muito comum para as moças da década de 1960 e 1970. Muitas moças eram educadas para serem "donas de casa" ou "mães de família".

E tudo corria muito bem, perfeitamente encaixado naquele modelo de filme em que o pai era o provedor, a mãe era a dona de casa e os filhos estudavam e brincavam. Correu tudo perfeitamente bem até que...

Numa tarde de domingo, em 26 de agosto de 1973, meu pai foi, como de costume, assistir a um jogo de futebol. Saiu dirigindo seu carro e jamais voltou para casa. Em um acidente automobilístico, meu pai faleceu.

A partir daquele fatídico dia, tudo mudou radicalmente para a minha família. Você pode tentar se colocar no lugar de uma mãe de dois filhos, que recebe a notícia que seu marido falecera?

Minha mãe tinha zero de experiência profissional. Jamais havia preenchido sequer um cheque. Sua formação "acadêmica" resumia-se – à época – ao "Curso Normal", que é uma qualificação em nível médio que prepara professores para atuar na educação infantil e anos iniciais do ensino fundamental.

Imagine como foi difícil resolver todas as demandas que surgiram ali, de um minuto para o outro, relacionadas às mais diversas fontes de burocracia, acompanhadas de muita dor e sofrimento. Desde as providências mais urgentes como o enterro até as mais complexas, como seguro, pensão, acesso às contas bancárias, etc. etc. etc.

Eu tinha apenas seis anos, mas foi a partir dali que a vida passou a me dar as mais fortes lições que eu fui obrigado a absorver. Ao perceber minha mãe sem a menor condição de prover nosso sustento por conta própria, fui me dando conta de algumas das certezas que moldariam minha atitude dali para a frente em relação ao estudo e trabalho.

Como eu disse no início, os rendimentos que meu pai recebia eram formados pelo salário (em menor parcela) mais as verbas variáveis (maior parte de seu contracheque) que eram percebidas a partir dos projetos e consequentes viagens a trabalho que fazia. Com seu falecimento, o valor que minha mãe passou a perceber, a título de pensão, era uma fração da renda familiar, formada unicamente pelo equivalente ao salário de meu falecido pai.

A redução do rendimento não ficou só nessa conta. O inquilino que tínhamos no outro apartamento que estava alugado, simplesmente parou de pagar o aluguel após o falecimento de meu pai. E como a legislação à época era outra, somada à falta de experiência de minha mãe em tudo, levamos quase vinte anos para retomar o apartamento e conseguir vendê-lo em seguida.

Minha mãe precisou transformar o quarto de serviço que tínhamos no apartamento em oficina de costura. Passou a costurar vestidos de festa e eventualmente também fazia bolos sob encomenda para complementar a renda familiar.

A partir dos meus sete anos até os dezessete, quando pude trabalhar após ser aprovado em meu primeiro vestibular, tivemos eu e meu irmão uma única calça, sapato e camisa, cada. Quando estavam gastos, minha mãe fazia um "crediário" e comprava outro. A renda familiar dava para pagar as contas essenciais (incluindo as nossas mensalidades do colégio) e só. Não tínhamos luxo. Por esse tempo nunca tivemos uma única festa de aniversário. O dinheiro era contado do dia primeiro até o final do mês.

Faço um registro para dizer que isso nunca foi, para mim, motivo de desonra, vergonha ou revolta. Pelo contrário! Via em minha mãe a figura de uma batalhadora. Entendia a situação e sabia que tinha que fazer a minha parte.

Quando meus colegas de infância e adolescência perguntavam se eu só tinha aquela roupa, a resposta era sempre a mesma: "Sim! Só tenho esta".

Com o passar dos anos pude perceber o quanto minha mãe tinha que se esforçar para dar conta de todas as despesas da casa e ainda assim nos manter em um bom colégio. Todos os anos – em dezembro – minha mãe comprava latas de tinta, pincéis e rolos de pintura. E lá íamos nós três pintar completamente o apartamento. Era uma festa. Fazíamos com muito gosto e orgulho. E a ação nos incutia a noção de valor!

A Educação foi o maior presente que pudemos receber. Ter tido a oportunidade de frequentar bons colégios foi, sem dúvida alguma, uma porta para tudo o que veio em minha vida dali para frente.

Minha mãe sempre repetia à exaustão que deveríamos estudar se quiséssemos ter um futuro melhor. Ela repetia que, para que pudéssemos usufruir de mais conforto, e principalmente poder proporcionar à nossa futura família o mesmo, seria necessário que estudássemos. Em sua forma de ver, a única resposta que ela visualizava para nos motivar era essa.

Aproximadamente a partir dos treze anos, minha cabeça fervilhava com ideias para ganhar dinheiro. Cheguei a cogitar, em algumas vezes, abandonar os estudos para iniciar atividades empreendedoras. Mas minha mãe sempre colocou como condição que eu somente poderia começar a trabalhar após minha aprovação no vestibular. Ela tinha receio que se eu começasse a trabalhar, abandonaria os estudos e ficaria com o futuro comprometido.

Uma coisa ficou clara em minha mente a partir dessa disrupção: ao recordar todo o esforço que minha mãe empreendeu e seu êxito em formar uma família mesmo com toda dificuldade, fico a imaginar onde teríamos chegado, se ela tivesse tido a chance de agregar a todo o seu trabalho três elementos que considero fundamentais e que me motivaram a escrever este livro:

1. Uma sólida formação acadêmica;
2. Vivência (ou visão) profissional e empreendedora, e;
3. Uma boa rede de relacionamentos (Networking).

Certamente esses três componentes poderiam tê-la ajudado muito a ultrapassar os obstáculos que surgiram com o falecimento de meu pai. E muito provavelmente, se ela tivesse tido acesso a essas três potencialidades, talvez não estivesse – na data da morte de seu marido – numa situação de extrema vulnerabilidade.

Esse é um alerta que deixo a você e peço que compartilhe com sua rede de relacionamentos:

> A única coisa permanente em nossas vidas é a mudança.

Você precisa perceber que a situação na qual se encontra hoje, por mais favorável que possa ser, pode ruir a qualquer momento.

E então o que fazer?

O ideal é que você esteja – sempre – construindo um "plano E", paralelamente à sua atual atividade profissional.

O que é o "Plano E"?

Troquei o tradicional e surrado "Plano B" pelo novo "Plano E", devido a dois motivos:

1 O "E" vai sempre te lembrar que você deve EMPREENDER.

Mesmo que você seja empregado e considere que está no melhor emprego do mundo, deve ter ciência que, de uma hora para outra, aquilo tudo pode sumir, exatamente como aconteceu com a minha família naquela tarde de domingo.

Então você deve considerar que sua atividade profissional atual é o seu "Plano A". Essa provavelmente deve ser a sua zona de conforto. O que eu vou te ensinar, ao longo desse livro, é que você deve, de forma inegociável, procurar construir uma nova alternativa à sua atuação profissional vigente.

Vou dedicar um capítulo inteiro aos cuidados que você precisa ter ao iniciar uma estratégia de construção de nova atividade geradora de renda. Mas deixo aqui de pronto o seguinte alerta: inicie sua nova atividade de forma a utilizar o seu tempo livre para tal. Jamais comprometa sua performance na atividade profissional atual. Lembre-se que o que você ganha atualmente paga suas contas!

Mais à frente falaremos mais sobre o tema.

2 O "E" do "Plano E" também vai te lembrar que sempre que tentamos empreender, é normal que algo dê ERRADO com a primeira (B), a segunda (C), e a terceira (D) tentativas. Assim, você vai estar mais preparado para continuar tentando até que dê certo, provavelmente na quarta tentativa com o "Plano E". Isso vai te alertar também a não apostar no "tudo ou nada" e arriscar ficar sem recursos para eventuais ajustes que sejam necessários ou até mesmo ter que recomeçar tudo do zero.

SACADA TEM NOME

ACELERADORA

Uma aceleradora pode ser uma infraestrutura física ou eletrônica que viabiliza estrutura intangível (assessoria financeira, creditícia, contábil e jurídica, dentre outras).

Se você tem ou quer iniciar uma empresa inovadora e precisa de algum tipo de suporte, especialmente se você não possui conhecimentos complementares ao seu negócio ou não possui conexões com investidores, com futuros clientes, com desenvolvedores de softwares, etc., a aceleradora pode ser a escolha certa.

O modelo de negócio de uma aceleradora pode envolver eventualmente uma participação acionária em seu projeto de empreendimento, visando cobrir o investimento realizado pela aceleradora. Por tal motivo, antes de aceitar firmar contrato com uma instituição do gênero, estude cuidadosamente as cláusulas contratuais, se possível com a assessoria de um advogado especializado na área.

Geralmente uma das formas - previstas no contrato - da aceleradora recuperar o que investiu em seu projeto passa pela venda da empresa a um grupo de investidores. Nesse caso, você terá que considerar se desfazer de sua empresa, vendendo também sua parcela de participação. Quando tudo dá certo, todos ganham, já que o empreendedor sai da empresa ou reduz sua participação com um excelente retorno sobre o investimento (ROI).

ALAVANCAGEM, Automação e Sistematização.

Se você trabalha na área financeira ou tem conhecimento do significado do termo 'Alavancagem' na área de finanças, esqueça esse direcionamento para a palavra. Para os fins desse livro, vamos considerar o termo 'Alavancagem' no sentido de ganho de escala.

A alavancagem voltada ao ganho de escala está vinculada à otimização de resultados. Pense na ideia de fazer mais, com menos, mais rápido e eficientemente.

Ao visitar uma lanchonete do McDonald´s observe como cada pessoa tem uma função bem definida. Cada um desses colaboradores recebeu treinamento visando gerar ganho de escala. Isso se dá por meio do estudo cuidadoso de cada etapa dos processos, levando em conta a área (espaço) da loja, do maquinário disponível e dos alimentos a serem produzidos para a clientela.

A alavancagem requer aplicação de energia inicial em estudo de etapas e processos. A partir daí, pesquisar sobre como automatizar ou sistematizar tarefas.

Mesmo que você não tenha uma empresa, é possível alavancar seu tempo fazendo uso de sistemas, aplicativos e decisões simples que podem otimizar o uso de seu tempo, por exemplo.

LEMBRE-SE!

A sistematização de atividades é – juntamente com a delegação – uma das chaves para se enriquecer dormindo. Mais à frente falarei mais sobre ferramentas para alavancagem de atividades e negócios.

02

Empresa de faz de conta

Brincando é que se aprende a fechar negócios sérios

"Faça o que você puder, com o que você tiver, onde você estiver."

Theodore Roosevelt

Com o falecimento de meu pai, nossa família estava resumida a mim, então com 7 anos; meu irmão com 6; e minha mãe com 32, inexperiente em tudo que estivesse relacionado ao trato com dinheiro, negócios e empreendedorismo.

Minha mãe continuava, dia após dia, desdobrando-se para sustentar nossa família. Como sabemos, a necessidade é a mãe da invenção. E minha mãe passou a costurar vestidos de baile e festas, como mencionei, além de ter se aperfeiçoado na arte de cozinhar bolos e sobremesas. Com a renda dessa produção caseira, conseguia pagar colégio, comprar fardamentos e material escolar, que quase sempre era formado por livros reaproveitados de alunos que haviam estudado no ano anterior.

Nossa vida seguia relativamente tranquila. Minha mãe assumia a função de pai e de mãe. Foi – e é – para mim uma heroína, pois manteve-se firme no objetivo de proporcionar, dentro de suas limitações, o acesso à nossa educação, no melhor padrão de qualidade que seus rendimentos podiam bancar.

No colégio, tanto eu quanto meu irmão vínhamos mantendo um excelente comportamento. Nos dávamos muito bem com todos os nossos colegas e professores.

Eu mantinha um apetite voraz por leitura. Como tinha pouco acesso a jornais e revistas, me deliciava quando minha mãe podia comprar uma revistinha em quadrinhos. Por conta da admiração que nutria pelos textos dos balões das revistinhas, incorporei como caligrafia a "letra de forma". Era frequentemente chamado a atenção para mudar para a letra do tipo cursiva. Mas eu sempre recusei. Acho que esse foi o único problema que tive na escola quando ainda residíamos em Recife.

É claro que, no colégio, todos os anos havia a comemoração do "Dia dos Pais". Essa era invariavelmente uma data que me trazia aquele vazio. Lembro de me sentir com um misto sensações que variavam entre a raiva e frustração. Tenho viva em minha memória uma pergunta que sempre me fazia, em silêncio, nesses momentos: "por que todos têm pais e só eu não?"

Outra lembrança que me vem à mente dessa época está relacionada a uma sensação de medo de perder o restante da família. Me recordo que numa determinada tarde minha mãe saiu com meu irmão para fazer compras. Ao deixar-me no apartamento, me disse que voltaria dentro de poucos minutos. Ela acabou encontrando uma amiga e a conversa se estendeu por alguns pares de horas. Talvez nem tenha sido tanto. Mas a minha sensação de ver a noite cair, estando sozinho no apartamento, me fez pensar em: "o que seria de mim se algo tivesse acontecido com minha mãe e meu irmão?". Chorei muito até que ouvi o barulho da chave abrindo a porta de entrada.

Creio que esse episódio me alertou para o fato de que talvez o ideal a fazer seria mudarmo-nos para Fortaleza, onde praticamente todos os demais parentes residiam. Em Recife tínhamos apenas a família de um tio (irmão de meu pai). Mas como residiam em um bairro bem distante, nos víamos muito pouco. Já as tias, tios e primos que residiam em Fortaleza eram até mais próximos, em função das férias que eventualmente passávamos na casa de minha avó materna.

O falecimento de meu pai acabou por me forçar a desenvolver um certo amadurecimento. Por incrível que possa parecer, percebi com muita nitidez o grau de insegurança que minha mãe tinha em certos aspectos que a vida exigia, especialmente em questões relacionadas a todos os assuntos que eram assumidos pelo meu pai. E como ele agora não estava mais conosco, de certa forma, sentia-me como se fosse eu o "homem da casa".

O fato é que eu, com 10 anos de idade, sugeri a minha mãe que deveríamos nos mudar para Fortaleza, e insisti. Isso foi no segundo semestre do ano de 1977. Lembro bem que minha mãe argumentou que seria uma mudança ruim para mim e meu irmão, pelo fato de já estarmos adaptados em nosso colégio. E eu prontamente argumentei que, como crianças que éramos, nos adaptaríamos facilmente em qualquer outro lugar, dentro de poucos dias ou semanas.

Minha mãe, ainda abismada com meu nível de "maturidade", prontamente absorveu a ideia e passou a adotar providências para que viéssemos a residir em Fortaleza já no ano seguinte. Uma de suas primeiras providências foi a de pesquisar em qual colégio passaríamos a estudar no ano letivo seguinte.

Dito e feito. No início do ano de 1978 passávamos a residir em Fortaleza. Como nossa condição financeira era precária, optamos por aceitar o convite de nossa avó materna e ocupamos os cômodos vagos que havia em sua casa.

Uma coisa estava já se cristalizando em minha mente: a mudança é algo permanente em nossas vidas. E eu estava começando a aprender que temos que ser capazes de administrar bem toda essa dinâmica, extraindo de cada uma dessas "revoluções" o melhor ensinamento possível.

Chegando em outra cidade, tivemos que aprender rapidamente a nos relacionar com novos colegas e com novos professores em um novo colégio. Uma das coisas que mais me impactaram foi o fato de passar a depender de adultos para ir à praia. Se em Recife íamos diariamente, em Fortaleza era diferente. Como residíamos a cerca de dez quilômetros da praia, dependíamos agora sempre de tios ou tias que nos levassem, quando possível, nos fins de semana.

Foi outro aprendizado importante, passei a perceber que:

> Pequenas coisas são costumeiramente subvalorizadas...
> ... até que as perdemos.

E a perda de uma certa 'autonomia' em relação à mobilidade foi, sem dúvida, algo que me impactou.

Mas em Fortaleza diversas outras mudanças foram para melhor. Como ocupamos o antigo quarto de um tio que havia casado, acabou que todas as revistinhas em quadrinhos dele (eram centenas), ficaram sob a minha curadoria!

Nesse sentido me sentia exatamente como o Tio Patinhas dentro de sua caixa forte, nadando em seu 'mar' de moedinhas de ouro!

Outra providência que precisei tomar foi a de, além de firmar novos laços de relacionamento com novos colegas da rua e do colégio, procurar maneiras de expandir contatos além desses grupos. Sem saber, eu estava expandindo minha rede de relacionamentos, praticando em um certo nível a experiência de construção de networking.

Como uma de minhas tias residia na França, recebíamos muitas cartas dela. E eu passei a colecionar aqueles selos que vinham colados nos envelopes. Com o tempo, passei também a estudar sobre filatelia, minha pequena coleção foi se expandindo e fui convidado a fazer parte de um clube local de filatelia. Os membros do clube se reuniam a cada quinze dias e nessas reuniões pude – além de aprofundar meus conhecimentos na área – exercitar mais ainda a construção de uma nova rede de relacionamentos.

Em 1979, eu estava com 12 anos e era membro desse clube quando soube que haveria uma exposição e um concurso anual de 'cartazes filatélicos'. Prontamente me inscrevi e, no julgamento, arranquei o 2º lugar na competição.

Para mim foi uma conquista muito importante e me revelou pela primeira vez que eu era capaz de PLANEJAR, EMPREENDER E VENCER. Recebi meu primeiro certificado que eu tenho comigo até hoje.

Olhando para trás, percebo que uma das 'brincadeiras' que mais gostava era a de 'escritório'. Minha tia materna mais nova bolava frequentemente uma brincadeira do tipo 'Empresa de faz de conta'. Em um dos birôs que meu tio havia deixado na casa, simulávamos rotinas de negócios como contratos, compra e venda dos mais diversos. Aproveitávamos as almofadas de carimbo antigas, usávamos notas de dinheiro do 'Banco Imobiliário' e passávamos horas 'tratando de negócios'.

Minha família materna tinha (ainda tem) uma fazenda no sul do Estado do Ceará. Ao passar a residir em Fortaleza, passei muitas das minhas férias naquele local. Na estação da safra de frutas, centenas de mangas caíam após as chuvas. Tive a ideia de juntar aquelas mangas que caíam, colocávamos em dois caçuás, espécie de cesto, e carregávamos num jumento para vender na vizinhança. Íamos no lombo do jumento e só voltávamos para casa quando não restava mais uma única manga nos cestos.

Todas as atividades que realizava naquela fazenda iam moldando minha personalidade. Porque me revelavam o quão autônomo eu poderia (e deveria) ser.

Pela manhã, ao selar e arrear o jumento ou o cavalo, passava praticamente todo o dia participando de diversas atividades. Em algumas situações cheguei a ir sozinho, a cavalo, até um pequeno distrito chamado "Miragem" resolver mandados de minha avó. Hoje eu lembro disso e me pergunto: Como eu, com cerca de 11 a 12 anos, era capaz de fazer aquilo sozinho?

Outra atividade que me revelou um certo nível de empreendedorismo foi a de criação de peixes ornamentais. Quando avistei pela primeira vez um aquário, fiquei louco para poder criar peixes. Mas, como os recursos financeiros não estavam – vamos dizer – 'disponíveis', encontramos uma maneira de começar a criação.

Perto de casa havia uma região de rio. Fiquei sabendo que por lá era possível capturar alguns peixes "Guppy", que é um peixe bastante resistente e pouquíssimo exigente quanto às instalações. Imediatamente construí uma rede com um pequeno pedaço de 'filó' que achei na caixa de costura de minha avó e um arame que encontrei no quintal. Chegando lá capturamos alguns espécimes e, em casa, adaptamos uma jardineira, convertendo-a num tanque. Era o começo de nossa criação.

Mais um aprendizado valioso. Aquelas interações de construção de tanques, reprodução de peixes, venda, compra e expansão, me ensinavam muito mais do que podia perceber na época.

Aos treze anos, em 1980, concluí os estudos do então '1º grau', já em Fortaleza. Acumulava então dois certificados agora, juntamente com o de participação no concurso de filatelia.

Ainda aos quatorze anos participei de minha primeira atividade de treinamento extracurricular que tenho lembrança. Foi um Seminário de Língua e Literatura Brasileira, promovido pelo Conselho Estadual de Educação. Durou três dias e este seria o primeiro de centenas de eventos de qualificação profissional em que eu iria participar ao longo de minha vida.

Em 1981, aos quatorze anos, eu acumulava então três certificados. Como eu pensava muito em trabalhar, comecei a organizá-los cuidadosamente em uma pasta, visando montar meu 'currículo' para me candidatar a um trabalho, tão logo tivesse cumprido o pré-requisito imposto por minha mãe, que era a aprovação no 'vestibular'.

Dessa fase de minha vida, que durou dos sete aos 14 anos, creio que o que mais me marcou foi essa nova fase em que pude perceber que eu era capaz de fazer praticamente tudo aquilo que eu quisesse.

Creio que foi o início da fase de transição na qual as brincadeiras iam se materializando em visões de futuras oportunidades. Olhando para trás, percebo que os conceitos que iam se fortalecendo para mim eram os de empreendedorismo, qualificação profissional e networking, mesmo que eu soubesse nada sobre isso.

APLICATIVOS (APPs)

Os aplicativos têm o objetivo de "empacotar" uma solução para um determinado 'problema'. Esse 'problema' pode ser desde a contratação de um financiamento até encontrar um pet shop que atenda a domicílio, cobrando mensalmente via débito em conta.

Uma regra comum aos Apps é que a solução se apresente de forma simples, rápida, acessível e mais barata que a convencional. Ao simplificar, automatizar e acelerar processos visando a solução de determinada demanda, observa-se bastante aderência ao serviço.

Atualmente há aplicativos para uma infinidade de atividades. Se é possível identificar uma 'dor' (demanda por solução mais rápida, barata e eficiente), é possível imaginar uma nova solução empacotada como 'remédio' para tal situação.

Muitos novos empreendedores, contudo, estão firmemente vinculados à ideia de que todo e qualquer novo negócio (ou Startup) necessariamente tem que ser um novo (inédito) aplicativo. Digo que há muita vida empreendedora fora do mundo dos Apps. Encontre seu nicho!

APRENDIZADO, Capacitação, Conhecimento, Desenvolvimento, Educação Continuada, Qualificação.

Esses termos e conceitos se complementam. No exato momento em que você pensar que não precisa mais aprender, esse será o início de sua extinção como empreendedor.

Tenha em mente que o aprendizado é um requisito permanente. Assim como a Tecnologia segue apresentando diuturnamente novas soluções, você e seu empreendimento necessitam assimilar a inovação como parte de seu DNA.

Participe de seminários, palestras, rodadas de Networking... Só o fato de estar em contato com esses profissionais, já se constitui em vantagem. Isso mesmo... Mesmo que você seja relapso do ponto de vista de aplicar a inovação em seu negócio, se decidir participar de todos os workshops que estiverem ao seu alcance, isso – por si só – já será o início de uma mudança de mentalidade.

Vamos supor que você seja totalmente avesso à ideia de participar de seminários e palestras... Mas, se você pelo menos é uma pessoa que gosta de socializar, recomendo firmemente que participe. É só começar para ver como estou certo.

DICA

A participação em seminários e palestras não precisa ser **exatamente** na sua área de negócios... A inovação pode surgir, por exemplo, quando você, que atua com petshop, vai a um seminário sobre Educação Infantil e percebe que várias famílias relatam problemas sobre como hospedar seus bichinhos de estimação. Plim! Olha só que sacada para você oferecer seus serviços ou até mesmo instalar um hotel conjugado à creche mais próxima!

03

De 'Aluno Cobra' à Águia

A relação entre a qualificação e as oportunidades

"Há dois tipos de pessoa que vão te dizer que você não pode fazer a diferença neste mundo: as que têm **medo** de tentar e as que têm medo de que você se dê bem."

Ray Goforth, executivo

A partir do ano de 1981, então com 14 anos, sabia que teria pela frente os três anos de colégio mais difíceis de minha vida. E esse era o lapso temporal que me separava da oportunidade de começar a trabalhar. Isso mesmo. O desafio agora seria o de concluir o '2º grau' (ensino médio), prestar vestibular, ser aprovado e iniciar a faculdade, fosse essa qual fosse. Essa era a altura do 'sarrafo' que eu teria que ultrapassar para poder começar a ganhar meu próprio dinheiro e iniciar assim a construção de minha independência financeira.

A primeira providência que tomei foi a de pedir à minha mãe a substituição de colégio. Não que o colégio no qual estava matriculado não fosse bom. Pelo contrário! Eu julgava, ainda aos 13 anos, que aquele colégio era extremamente rigoroso. Havia passado quatro anos (da 5ª à 8ª série) como um verdadeiro 'aluno cobra'. Isso mesmo! Após deixar o colégio em Recife e ingressar no colégio em Fortaleza, senti muito a mudança do nível de exigência. Se antes era um passeio ser aprovado e passar 'por média', agora eu somente conseguia ser aprovado 'me arrastando' feito cobra!

Aqui vou aproveitar e pedir licença para abrir parênteses: desde criança eu tinha a pura convicção de que os colégios nos empurravam um monte de conhecimento inútil. Ficava muito aborrecido e me sentia injustiçado por ter que aplicar tanta energia e tempo na arte de 'decorar' fórmulas, conceitos, regras e exceções que eram (e ainda são) completamente inúteis para mim e para milhares de estudantes.

Certamente a base curricular seria de maior utilidade se o paradigma a ser cumprido – em vez de aprovação no vestibular – fosse o de preparação para uma vida voltada aos valores éticos, cívicos, de inovação, educação financeira e empreendedorismo. Em vez disso, empurram milhares de informações inócuas, inúteis e que simplesmente atrasam o desenvolvimento dos jovens, ao invés de prepará-los para a vida real.

Somente hoje, aos 51 anos, enquanto escrevo este livro, reparo um movimento nacional tendente a transformar essa triste realidade, fazendo a transposição para um novo modelo focado em matérias que podem ser escolhidas pelo estudante, agregadas a uma base mínima obrigatória de disciplinas. Torço para que a mudança ocorra e seja realmente para melhor.

Só para fechar esses parênteses e podermos avançar, vou demonstrar, na prática, o nível de inutilidade de alguns conteúdos exigidos: Na disciplina de Língua Portuguesa, uma das (centenas) de regras de acentuação em vigor até 2012 eram aplicáveis a palavras como: ideia; assembleia; alcateia, dentre outras. A acentuação obedecia à seguinte regra de acentuação: paroxítonas com os ditongos abertos "ei" recebem acento. E a explicação era a mais 'lógica' possível: "se não puser o acento, não será idéia, será ideía". Aí vem o acordo ortográfico, muda a grafia da palavra, derruba o acento e a palavra continua com o mesmo som, a mesma pronúncia. Vai entender!?

Pronto! parênteses fechados. Vamos seguir em frente com nossa história.

Bom, como estava dizendo, tinha decidido mudar de colégio para um menos rigoroso, onde pudesse perceber – na minha opinião – um nível de exigência compatível com o tipo de desafio que estaria prestes a enfrentar ao fim do terceiro ano.

O pior é que eu já vinha pedindo isso à minha mãe desde o fim do primeiro ano de estudos no colégio em que fui matriculado ao mudar de cidade. Ocorre que, como eu estava sempre 'em recuperação', minha mãe sempre repetia: "meu filho, como vou fazer sua matrícula na série seguinte, se não sabemos se você vai realmente passar de ano?" Putz! Aquilo, para mim, era uma armadilha. Um beco sem saída. Mas, os anos se passaram e, como verdadeiro 'aluno cobra', me esforçava muito nos 45 do segundo tempo e conseguia, invariavelmente, ser aprovado para o ano seguinte.

Em diversas ocasiões minha mãe me propôs que eu 'repetisse de ano'. Ela ponderava que talvez fosse uma boa escolha, já que dessa forma eu poderia 'fazer aquela série bem-feita'. Eu, imediata e energicamente retrucava: 'Negativo! Vou passar e vou me matricular na série seguinte'.

Bom, o certo é que minha mãe atendeu meus pedidos e me matriculou no colégio que eu havia apontado. Novamente passei pela 'recuperação', na 8ª série, e no ano seguinte, em 1981, então com 14 anos, iniciava a última jornada como estudante secundarista (ensino médio) rumo à universidade.

Minha chegada ao novo colégio para cursar o 1º ano do segundo grau foi bastante impactante. Dentre as características que me chocaram, posso listar as mais relevantes:

1. Nesse colégio o tamanho da classe e a quantidade de alunos era impressionante. Se antes eu tinha 29 colegas em sala, passava a ter agora quase 50;

2. Todas as provas eram realizadas replicando o exato modelo de provas de vestibular, com respostas no mesmo tipo de cartão e resultados sendo exibidos em listas coladas nos corredores;

3. Ranqueamento (classificação) de alunos por ordem de salas, séries e até por ordem de todos os colégios do grupo.

Fiquei muito impressionado com aquele novo estilo de provas, ranqueamento, etc. Não sei se por conta disso, do fator motivação, ou por conta de ter sido uma escolha minha, ou ainda por conta da diferença do nível de exigência das provas, no fim do primeiro semestre eu estava classificado como um dos melhores alunos de toda a organização educacional.

O certo é que aquele modelo – para mim – era algo mais compatível com tudo aquilo que eu esperava de uma entidade organizacional. Mesmo estando presos a todas as amarras de base curricular, erámos tratados com um grau maior de 'liberdade', que certamente requeria um outro nível de maturidade e responsabilidade de nossa parte.

O último ano do 2º grau seria o último de colégio para mim. Novas experiências pela frente. Mudamos de sede para uma destinada exclusivamente aos estudantes em fim de curso e àqueles que estavam fazendo o 'cursinho' (destinado aos que já haviam concluído o 2º grau, mas não haviam sido aprovados no vestibular e se matriculavam para continuar estudando e tentando).

Nessa nova sede, as mudanças se acentuaram. Minha sala de aula comportava 150 alunos. Era em forma de anfiteatro. As chamadas ocorriam uma vez por semana. E você não tinha obrigação de assistir às aulas. Só não podia entrar ou sair no meio de uma aula ou ficar perambulando entre os corredores, e principalmente fazendo barulho. Então, caso não desejasse assistir a determinada aula, íamos invariavelmente, conversar na pracinha ao lado.

Sentia-me obrigado a assistir às aulas. Não me via confortável deixando a sala de aula e desperdiçando aquele tempo precioso, jogando fora oportunidades de aumentar meus conhecimentos para aprovação no vestibular, dentro de alguns meses. Mais ensinamentos voltados à formação de caráter, fortalecendo minha noção de responsabilidade para comigo mesmo e para com minha família. Afinal de contas, eu teria que dar um salto de qualidade de vida. E como minha mãe sempre ensinava, isso somente seria possível por meio da Educação.

Chegando ao final do 3º ano do ensino médio, os preparativos para o vestibular se intensificavam. Contudo havia, antes dessa etapa, uma definição que dependia de mim: que curso escolheria? Devido à ausência de uma orientação 'paterna', ou outra que pudesse julgar mais qualificada, decidi por mim mesmo.

Optei pelo curso de Ciências Contábeis. Como havia tido aulas de Contabilidade no 2º grau, percebi que poderia ser um bom curso para iniciar uma carreira. Na verdade, o colégio nos havia habilitado – em nível de 2º grau – como 'Auxiliar de Escritório', conforme consta no referido certificado de conclusão.

Como minha mãe já havia dado o ultimato de que teríamos que ser aprovados em uma universidade pública, inscrevi-me na UFC – Universidade Federal do Ceará para prestar vestibular para tal curso. Isso porque a outra opção de vestibular para o mesmo curso era em uma instituição privada. E eu já havia sido informado de que não teríamos recursos para bancar meus estudos em uma faculdade particular.

Ao longo de todo o ano anterior ao que deveria prestar vestibular, eu observava muitos de meus colegas 'comerem' os livros de Matemática, Química, Física, Biologia, dentre outros. Mesmo conseguindo bons resultados nas provas do colégio, jamais fui aquele tipo de estudante que se dedicava intensamente aos estudos. Procurava sempre prestar bastante atenção às aulas e fazia esforço para revisar o conteúdo estudado diariamente.

Nesse sentido, eu estava certo de que aqueles meus colegas CDF´s (cabeça de ferro) tinham praticamente 100% de chances de serem aprovados de primeira em qualquer curso que escolhessem fazer. Lembro bem de pensar comigo mesmo: 'puxa vida, como eu queria ser estudioso como esses caras'.

Bom, ciente de que eu era um estudante tipo mediano, procurei traçar uma estratégia de abordagem para aquela verdadeira guerra que era o vestibular. Eu tinha que bolar uma maneira de 'ser aprovado no vestibular', de qualquer jeito.

Nos anos 80, os vestibulares ocorriam em dois períodos. No primeiro, logo após o fim do ano letivo escolar, geralmente eram aprovados os estudantes com melhor conhecimento. No segundo, que ocorria na metade do ano, aqueles com rendimento um pouco mais baixo (que eu acreditava, fosse o meu caso) eram aprovados. O motivo? Os melhores já haviam sido aprovados no início do ano.

Sabendo disso, montei a 'tática de combate'. Me inscrever para o curso que realmente queria na universidade pública que o ofertava. E me inscrever em um curso 'fácil de passar' em outra universidade pública que não ofertava o curso pretendido.

A estratégia era a de não ficar com a autoestima em baixa, caso o que eu esperava que acontecesse (não ser aprovado no curso pretendido, na universidade pública) realmente ocorresse. Nesse caso, restaria a aprovação em um curso qualquer. Isso me daria o trunfo para quando perguntassem: "passou no vestibular?". A resposta seria: "sim, passei!". Dessa forma, pensava que poderia ter tranquilidade na cabeça para seguir estudando para o vestibular do meio do ano. Aí sim, pensava eu, seria mais factível minha aprovação.

Afinal de contas, eu ponderava que passar anos de minha vida estudando e ao prestar vestibular ter que dar um 'não passei' como resposta era frustrante. Por incrível que possa parecer, adotei uma medida para preservar minha sanidade mental e poder tornar factível o alcance da meta alguns meses depois.

E assim eu fiz. Inscrevi-me em 'Estudos Sociais' na UECE – Universidade Estadual. Eu estava pondo em prática um 'Plano B' para manter minha sanidade mental e seguir com estímulo e calma, estudando para atingir o real objetivo.

O ano de 1983 terminou. E a semana de resultados me revelou algo inesperado. Fui aprovado na UFC, para minha completa surpresa. E na UECE fui parar nas páginas dos jornais, pois fui aprovado em 3º lugar. E lá estava eu posando como uma das 'melhores cucas do vestibular'.

Foi com muita alegria que deixei que raspassem minha cabeça. Agora sim, com apenas 16 anos, em janeiro de 1984, recebia a informação de que havia sido aprovado em meu primeiro vestibular. Agora teria oportunidade de estudar em nível universitário (gratuitamente) e já estava livre para procurar emprego.

Creio que para minha mãe foi uma vitória fantástica. Ter um filho que ela criou com tanto esforço e sacrifício aprovado em uma universidade pública e gratuita, tida como uma das melhores do país, foi realmente um alívio. Creio que um sentimento bom de 'missão cumprida'.

Agora eu estava com 16 anos de idade. Como 'estudante universitário' sentia-me em outro nível, o que de fato era verdade. Sentia também que, dali para a frente, tudo ia depender cada vez mais de mim mesmo.

E eu não via a hora de poder avançar em meus objetivos, aplicando meu tempo em conhecimentos profissionais, buscando a primeira oportunidade para mostrar, profissionalmente, minha vontade de realizar e aprender cada vez mais.

Desde a morte de meu pai eu sentia agora que daquele momento em diante eu poderia realmente avançar e fazer a diferença. Eu sentia que poderia me equipar com as ferramentas certas para me transformar em um profissional completo, responsável, diligente, zeloso com minhas atividades e especialmente comprometido com minha formação profissional continuada.

Dali para frente eu passaria a aproveitar todas as oportunidades que aparecessem em meu campo de visão em termos de qualificação profissional e chances de poder atuar em empresas das mais variadas atividades.

Eu havia aprendido muito com a observação constante de todos e tudo à minha volta. Percebia pelos diálogos entre familiares, colegas, professores e até mesmo em filmes e livros que:

> As oportunidades se apresentam para os mais qualificados.

Eu também havia aprendido que se você quer algo, deve 'pagar o preço'. Jamais me convenci de que sentar e orar iria me trazer o que eu queria. A vida havia me ensinado até aquele ponto que tudo pode estar ao nosso alcance, mas é necessário que nos esforcemos para atingir cada um dos alvos marcados.

SACADA TEM NOME

ATIVOS TANGÍVEIS E INTANGÍVEIS

Ativos são quaisquer bens que podem ser criados ou adquiridos. Os tangíveis são todos aqueles que possuem existência física, como cadeiras, máquinas, veículos, etc. Já os intangíveis são aqueles imateriais, como marcas, patentes, invenções, e diversas outras modalidades de criação intelectual, como músicas, softwares e soluções, como por exemplo, aplicativos e páginas na web.

Estamos vivendo uma era na qual há uma transferência da capacidade de geração de riqueza dos ativos tangíveis (como fábricas e lojas físicas, por exemplo) para ativos intangíveis (como aplicativos e e-commerce).

Importante também saber que há 'ativos' que na verdade geram 'passivos', enquanto outros geram receita. Por exemplo, uma casa é classificada contabilmente como Ativo Tangível, mas só é capaz de gerar despesas e dívidas. Já um caminhão que é comprado com o objetivo de transporte de cargas é um Ativo Tangível gerador de receitas.

Atualmente a tecnologia criou aplicativos capazes de reduzir ou transformar um ativo tangível gerador de passivos em um gerador de receitas. Pense no Airbnb[1] como uma ferramenta capaz de fazer tal mudança.

Mas a principal mensagem que quero deixar – relacionada a este item – é que se você não dispõe de muitos recursos financeiros para adquirir ativos tangíveis geradores de receita, a saída será pela criatividade. Isso mesmo. Sua criatividade é capaz de produzir ativos intangíveis geradores de receitas.

A grande sacada aqui pode ser criar um ativo intangível, sistematizar ao máximo suas etapas e em seguida alavancar sua operação.

---

1 Airbnb permite aos indivíduos alugar o todo ou parte de sua própria casa, como uma forma de acomodação extra.

DICA

Crie uma franquia. A franquia (em sua essência) é um Ativo Intangível. Uma franquia não são as lojas da franquia. A franquia, por excelência, é o formato, a marca, a tecnologia, os parâmetros, o desenho da farda dos empregados, o layout das lojas, enfim, todo o conjunto de regras definido pelo franqueador. Criar e gerir uma rede de franquias é um ótimo meio para ganhar dinheiro dormindo.

DICA

Crie uma marca, trabalhe para tornar essa marca valiosa e licencie essa marca! Você não precisa produzir uma única peça para ganhar dinheiro dormindo. Como tornar essa marca valiosa? Contrate uma 'celebridade' para posar com peças de sua marca. Pode ser aquela sua amiga que tem alguns milhares de seguidores no Instagram.

Quem faz isso? Praticamente todas as grandes marcas de vestuário e esportes. Ou você acha que uma famosa marca fabrica os tênis, camisetas e bolas que levam a sua marca? Não! A "marca famosa" é proprietária da marca, desenvolve pesquisas para novos modelos de artigos esportivos e cria as peças-piloto. Quem as produz? Qualquer fábrica que possa, em qualquer lugar do mundo, entregar esses produtos no tempo, preço e padrão de qualidade exigidos.

A boa notícia para você é que a inovação tecnológica está permitindo que os ativos intangíveis (ideias, sacadas, aplicativos) sejam - cada vez mais -propulsores de geração de receitas em relação aos ativos tangíveis. Isso significa que uma ideia genial, acompanhada de uma implementação responsável e diligente poderá te transformar em um rico empreendedor.

04

Um estagiário diferenciado

A relação entre oportunidades e objetivos

"O homem deve criar as oportunidades e não somente encontrá-las."

Francis Bacon

Até este ponto o leitor deve estar se perguntando acerca da pertinência do título "Enriqueça Dormindo" com os assuntos que venho tratando aqui. Ocorre que como os temas, dicas e insights que tenho para tratar podem ser – em sua maioria, creio – um tanto quanto radicais, talvez gerassem quase nenhuma empatia se eu antes não tivesse me apresentado.

Isso mesmo. Penso que se eu tivesse deixado de lado um pouco de minha 'história de vida', talvez os conceitos e ideias que trago aqui neste livro soassem um tanto quanto fantasiosos ou pouco factíveis.

Por isso mesmo tomei a decisão de, numa primeira parte do livro, abordar – de forma bastante resumida – fragmentos de minha história. Penso que assim o leitor deverá – em certos momentos – se identificar com algumas passagens que provavelmente são (foram) semelhantes em sua trajetória de vida. Assim, fica a advertência de que não é uma autobiografia, embora apresente, como disse acima, fragmentos de fatos que vivenciei desde menino. É o que podemos chamar de escrito temático baseado em autobiografia.

Mesmo assim, em cada um dos capítulos vou explicando como algumas das características vinculadas ao empreendedorismo e cultura organizacional passaram a fazer parte de minha formação, no campo pessoal e profissional. Ao longo de todos os capítulos, principalmente na primeira parte do livro, vou explicando como cada acontecimento em minha vida acabou contribuindo para a construção de minha personalidade. Essas ocorrências acabaram moldando meu comportamento como pessoa e interferindo definitivamente em minha visão – como profissional e empreendedor.

Feitas essas explicações, vamos retomar do ponto que paramos no capítulo anterior. Estava contando sobre o fato de ter sido aprovado no vestibular e sentir-me pronto para poder, finalmente, procurar por um trabalho. Até que aqui não uso a palavra 'emprego' e sim, 'trabalho', propositalmente. Sim, porque eu acreditava que, mesmo se conseguisse 'trabalhar de graça' inicialmente, poderia demonstrar meu valor e fatalmente passaria à etapa seguinte, seja qual fosse a empresa ou o trabalho. Bem, como até a publicação do resultado do vestibular estávamos em janeiro de 1984, costumo afirmar que eu fui aprovado com 16 anos e iniciei o curso superior com 17, já que aniversario em fevereiro.

Pois bem, as aulas tiveram início poucos dias após meu aniversário de 17 anos. Deixei para ir à faculdade somente na 2ª semana de aulas, a fim de evitar os 'trotes', muito comuns e eventualmente violentos, à época. Como não estava a fim de servir de palhaço para ninguém, e sabendo que naqueles dias não haveria aula normal, deixei para ir às aulas a partir da 2ª semana.

Para minha surpresa, e para resumir o assunto, a UFC (Universidade Federal do Ceará) enfrentou naquele 1º semestre do ano de 1984 duas grandes greves, sendo a primeira de professores e servidores e a segunda de alunos. Eu jamais havia imaginado que pudesse haver uma greve de alunos. O fato é que meu primeiro semestre de aulas praticamente não ocorreu. ☹

Daquele período em diante decidi que agarraria todas as oportunidades para adiantar ao máximo o curso. Mesmo ciente de que a partir daquele ponto eu já poderia procurar por estágios, já estava projetando uma segunda fase em que, como graduado, poderia ocupar vagas em empresas como profissional ou mesmo vir a desenvolver meu próprio negócio. Passei então a me matricular em todas as disciplinas que eram eventualmente ofertadas nos períodos de férias. Dessa forma consegui compensar parte do tempo perdido com as greves que ocorreram entre 1984 e 1988 na UFC.

Em 1984, um dos requisitos básicos para se pleitear emprego em qualquer função de escritório era ser detentor de 'certificado de datilógrafo'. Hoje afirmamos isso rindo da situação. Mas, à época, era o básico. Algo equivalente a dominar rotinas de softwares do MS Office, tais como Word, Excel, Power Point, etc. O fato é que se alguém me dissesse que: 'para arrumar um emprego você tem que saber andar de cabeça para baixo', eu iria me matricular imediatamente em um curso para aprender aquilo.

Essa foi uma das características que mais fortemente me impactaram e que procuro desenvolver até hoje.

A qualificação profissional orientada ao objetivo passaria a ser, para mim, daquele ano em diante, uma das minhas mais fortes características.

Eu costumo sempre compartilhar com meus educandos que me apresento como um estudante em várias salas de aulas nas quais ministro cursos, formações ou profiro palestras. Isso porque não há um só ano de minha vida em que se verifique a ausência de participação em programas de desenvolvimento profissional, como cursos, seminários, palestras e congressos, por exemplo.

Assim, matriculei-me no curso de datilografia mais próximo de minha residência, de modo que eu pudesse ir de bicicleta. Passei a adiantar – sempre que as freiras permitiam, já que o curso funcionava numa paróquia perto de casa – o máximo de lições. A partir da conclusão do curso, eu passei à fase da procura por empregos, leia-se trabalho.

Com o 'diploma' de datilografia agora incorporado à lista de certificados, passei à fase da garimpagem pelo primeiro estágio. Recebi o documento em 30 de agosto de 1984.

Como não tinha tido qualquer tipo de orientação adequada, a forma que utilizei para procurar emprego foi um tanto quanto ineficiente e ineficaz. Em vez de dirigir-me ao setor de Recursos Humanos das empresas, por exemplo, adotei a tática de entrar em farmácias, supermercados, sapatarias, livrarias, etc. e procurar pelo gerente. A abordagem era sempre a mesma: 'Bom dia, sou estudante de Ciências Contábeis. Aqui está meu currículo. Estou procurando estágio. Posso iniciar trabalhando até três meses de graça'.

Ao final do ano de 1984 nenhum êxito havia sido alcançado com o método escolhido. Percebi que talvez aquela não fosse a melhor abordagem. Como eu já havia cursado o primeiro semestre de um curso superior, inscrevi-me em uma agência de estágios. Fui informado que somente após o 4º ou 5º semestre é que poderia vir a ser selecionado, já que esse era o padrão mínimo exigido pelas empresas.

Aquela informação me deixou – a princípio – muito triste e preocupado. Pensei: 'puxa, vou ter que esperar mais dois anos para me candidatar a um estágio?'. Procurei então compensar minha falta de 'rodagem' no curso superior com algum diferencial relevante. Minha avó materna sempre assinou jornal. E eu era leitor ávido, principalmente das páginas de 'classificados' na parte de empregos e estágios.

Aqui faço novamente uma pausa...

É bom explicar que minha 'eterna curiosidade' por assuntos diversos me trouxe uma série de vantagens. Por exemplo: como sempre lia jornal, acabei acumulando informações em um nível acima dos demais rapazes de minha idade que simplesmente ignoravam aquele tipo de leitura. Além do jornal, eu devorava tudo que fosse escrito e passasse pelo meu campo de visão, como livros, revistas, etc. E sempre desenvolvi uma admiração por filmes de documentários. Esse tipo de 'parênteses' é bastante importante para salientar que, por eu ter um nível de bagagem cultural levemente acima da média, sempre que eu era entrevistado, invariavelmente saía-me melhor que os demais candidatos de minha idade. Mais adiante eu iria saber que essa era também uma das características apreciadas pelos recrutadores de Auditores.

Fechamos a pausa. Retomamos nosso relato...

Um certo dia li no jornal um anúncio de que estavam abertas inscrições para o curso de 'Programação de Computadores em Basic I'. Era – basicamente – o primeiro curso de computação que abria inscrições em todo o estado. Decidi de pronto que teria que me matricular naquele curso. Como não tinha o valor da inscrição, achei melhor trocar meu futuro presente de aniversário pela matrícula naquele curso. Pedi dinheiro a todos os meus parentes. Como fazia aniversário dali a alguns meses, pedi um 'adiantamento do presente' em dinheiro, para poder pagar a inscrição naquele curso. Os parentes a quem pedi dinheiro sequer sabiam o que era 'computador'. Concluí mais esse programa de qualificação profissional e adicionei mais uma peça-chave ao meu portfólio de cursos, palestras e seminários. Mais que isso: eu era, naquela altura de minha vida, aos 17 anos, uma das poucas pessoas – em todo o estado – a possuir algum tipo de certificação em um curso de informática!

Àquela altura eu já havia atualizado meu currículo com o status de estudante universitário. Acumulava os certificados de datilografia e programação de computadores. Tinha ainda o certificado de participação em um Seminário de Língua e Literatura Brasileira e outro de 2º colocado em um concurso de cartazes filatélicos!

Mesmo assim a oportunidade não havia chegado. Nada de desanimar! Eu estava aprendendo ali importantes lições de resiliência. Sabia que a preparação fazia parte da diversão (e eu estava me divertindo muito naquela época). Eu tinha também a plena convicção de que quanto mais preparado eu estivesse, mais chances eu teria de lograr êxito profissional.

Acionei a minha então rudimentar rede de networking que possuía à época e acabei sendo chamado para uma entrevista de estágio. O órgão demandante era uma grande instituição financeira. Tive um certo receio de ser lotado em uma agência para fazer pouco mais ou nada (como tirar cópias, por exemplo). Isso não significava que se fosse, recusaria. Negativo! Iria sim!

Mas eu tinha sede de aprender. Talvez nem tanto a mesma sede para ganhar dinheiro. Esse já era um traço marcante de minha personalidade. Para mim, mais importante que ganhar dinheiro – naquele momento – era qualificar-me profissionalmente. Isso porque eu sabia que, quanto mais bem qualificado hoje, melhor remunerado seria amanhã.

Para minha surpresa fui selecionado – em maio de 1985 – para estagiar no núcleo de Contabilidade dessa instituição financeira. Seria estagiário encarregado de auxiliar conciliações e elaboração de partidas contábeis do núcleo de financiamento habitacional daquela instituição.

O êxito de minha escolha se deu também por conta de que eu era um dos poucos candidatos a ter os dois turnos (manhã e tarde) livres. Eu já havia realizado uma importante mudança em meu curso superior, que foi a matrícula em todas as disciplinas no turno da noite. Dessa forma, liberei o horário comercial para que não houvesse choque com uma eventual oferta de emprego.

Some-se – **principalmente** – a essa disponibilidade de tempo o fato de que eu era o único candidato a possuir qualquer tipo de conhecimento (comprovado em certificado) de programação em computadores. Observe que o ano era 1985 e inexistia – principalmente no Nordeste brasileiro – computadores pessoais.

Como o trabalho envolvia leitura de relatórios impressos em computadores e inclusão de partidas no sistema de computadores do banco, embora não tivéssemos contato direto, os recrutadores provavelmente viram em minhas qualificações uma maior compatibilidade com a tarefa. Ou, no mínimo, me acharam mais qualificado que os demais, mesmo que com apenas um semestre de faculdade efetivamente concluído.

Foram seis meses de aprendizado em diversos sentidos: networking; comportamento no trabalho; disciplina; apresentação e marketing pessoal; observância dos horários e regulamentos da empresa, etc. Em novembro de 1985 concluí o estágio com um sentimento de realização. Agora era buscar a próxima oportunidade!

Enquanto a próxima oportunidade de estágio não aparecia, não poderia desperdiçar tempo. Fiquei sabendo que o SERPRO – Serviço Federal de Processamento de Dados – ofereceria gratuitamente um curso para digitadores. Duas das palavras que eu mais apreciava estavam juntas naquela frase: 'curso' e 'gratuito'. Como a unidade do SERPRO ficava a algumas quadras de casa, peguei a bicicleta e fui até lá me inscrever. O objetivo daquele órgão era – na verdade – prospectar futuros digitadores para a realização de uma tarefa que demandava esforço extra, e que não poderia ser executada pelos servidores já ocupados com outras demandas.

Concluí o curso de digitação no SERPRO no dia 04 de abril de 1986 e recebi o certificado. Para minha decepção, não fui 'aproveitado/contratado' como 'digitador' porque a quantidade de toques (teclas digitadas) que eu consegui atingir ficou abaixo do padrão que eles requeriam para a tarefa. Eu não sabia ainda, mas ali estava uma situação que eu havia considerado desfavorável, mas que me credenciaria a muitas outras oportunidades melhores, logo, logo.

Uma semana após concluir aquele curso, li nos classificados do jornal sobre uma vaga para faturista em uma companhia petrolífera multinacional. Eu sabia o que era uma fatura porque já havia estudado um pouco sobre 'Direito Comercial', na faculdade. Mas jamais havia emitido uma.

Compareci ao terminal da empresa e participei da seleção. Comigo estavam cerca de cinquenta faturistas bastante experientes. Apesar de minha pouca idade (19 anos) e de zero experiência em faturamento, fui selecionado.

O motivo? A cia petrolífera estava implementando seu primeiro sistema **'informatizado'** de emissão de nota fiscal fatura. E qual era o único candidato que tinha dois cursos relacionados a computadores? Eu! Sim, eu exibia no meu currículo agora os certificados de programação em Basic I e o de Digitadores HP emitido pelo SERPRO, que era a empresa federal de processamento de dados referência no Brasil.

Fui contratado em 23 de abril de 1986, cerca de duas semanas após concluir o curso no SERPRO. A companhia petrolífera estava recrutando um empregado e como viram que eu era estudante universitário, aproveitaram para me contratar como estagiário, provavelmente para economizar com encargos trabalhistas. Se eu fiquei revoltado com isso? Não mesmo! Eu havia desenvolvido um senso de gratidão por todas as experiências que estava vivendo. E, mesmo tendo sido contratado como estagiário, foi mais uma importante experiência (dessa vez em uma multinacional) que me credenciaria para uma próxima oportunidade de trabalho, mais à frente.

Após cumprir seis meses de estágio, uma nova oportunidade se apresentaria naquela mesma companhia multinacional do ramo petrolífero. Acenaram com a contratação como empregado. Deixaria de ser estagiário e passaria a um novo status de empregabilidade. Meu salário seria aumentado drasticamente. Contudo, avaliei que aquele não era meu foco de atuação. Percebia que o melhor seria atuar mais próximo de atividades relacionadas especificamente com contabilidade.

> Eu já vinha desenvolvendo um forte senso de orientação de meus esforços ao objetivo traçado e não me desviaria daquilo, mesmo que 'oportunidades de ouro' aparecessem.

DICA

Muitos jovens profissionais fazem escolhas orientadas pela remuneração, quando deveriam fazê-las orientadas à formação profissional. Se você ainda é jovem, deve orientar suas decisões relacionadas à ocupação profissional, na direção do objetivo traçado. Se você não traçou o objetivo, aí fica complicado. Você dispersará energia indo de um canto a outro, sem avançar, simplesmente porque não sabe para onde ir. Certamente você conhece profissionais que dizem: "eu trabalho tanto, mas não consigo evoluir em termos de remuneração e ocupação". Pergunte a um desses colegas se ele tem um objetivo traçado. Pergunte onde ele se vê trabalhando (empresa, cargo, cidade, etc.) daqui a 5, 10, 15 anos... Se as respostas forem: 'não sei', eis aí uma explicação. Todos nós temos que trabalhar tendo um objetivo bem traçado. Falarei mais sobre isso mais à frente. Mas, se você não sabe para onde quer ir, dificilmente chegará 'lá', não é mesmo?

Vamos voltar ao dia em que recusei ser contratado pela companhia petrolífera... A notícia em casa repercutiu como uma bomba: 'meu filho, como você vai desperdiçar uma oportunidade de ter carteira assinada?'. Por mais que eu explicasse, minha mãe e outros parentes não entendiam minha estratégia. Mas, com apenas 19 anos, eu já havia definido que construiria minha carreira agregando expertises dentro do conjunto de atividades que a Contabilidade alcançava. Pensava em experimentar desde a mais básica atividade até alcançar o topo da carreira, atuando como auditor.

Eu sabia que, embora pudesse 'pegar atalhos' e eventualmente construir uma expertise em Auditoria Contábil sem ter sido – necessariamente – um executor, o ideal seria passar por tais atividades e colocar a mão na massa para obter sólidos conhecimentos. Afinal, pensava que, para verificar, deveria saber como são feitos cada um dos procedimentos.

E foi exatamente por isso que agradeci (muito) aos meus chefes a oferta de um emprego como faturista, com o salário a ser dobrado e com carteira assinada, mais benefícios. Agradeci também a oportunidade que me deram de conviver e aprender com cada um deles durante aqueles seis meses de crescimento pessoal e profissional.

Como posso resumir, em poucas palavras, o que eu havia – nesse período de minha vida – acumulado em conhecimento e experiência? Penso que esses foram os principais ganhos que obtive nesse período:

- Eu continuei minha busca constante por **oportunidades de qualificação** profissional;
- Eu aprendi a orientar minhas escolhas de qualificação profissional visando atingir um **objetivo bem definido**;
- Eu sempre cultivei interesse por atuar em diversas áreas, via **mobilidade profissional**, ou seja, sempre que percebia que naquela empresa eu já havia aprendido o suficiente, começava a olhar para outras oportunidades;
- Passei a construir **diferenciais** profissionais como estratégia de superação de obstáculos;
- Aprendi que a **resiliência** era uma das minhas características e a teria como uma atitude pessoal e profissional;
- Aprendi também a usar – de forma **otimizada** – meu tempo, e sempre de forma orientada ao objetivo proposto;
- Por fim, aprendi a encarar as eventuais situações inicialmente vistas como desfavoráveis, como degraus para um **novo aprendizado** e conversão em futuros ganhos pessoais, profissionais e financeiros.

SACADA TEM NOME

AUDIÊNCIA

A partir do momento em que você começa a falar sobre algo, seja nas redes sociais ou em qualquer outro espaço, você pode começar a construir sua audiência.

Contudo, a construção de uma determinada audiência requer um elevado nível de compromisso. Significa que você deve se comprometer a alimentar sua audiência, preferencialmente compartilhando informação relevante e útil sobre o tema escolhido para tratar.

Para começo de conversa, as pessoas (sua audiência) têm que perceber que a informação que você compartilha (e domina) é real, tem essência e fundamento. Construir audiência é um dos mais poderosos canais de comunicação (e Marketing) para qualquer tipo de negócio.

E é lógico que, para quem deseja formatar modelos de negócios que sejam geradores de renda passiva escalável, e, enfim, ganhar dinheiro dormindo, a construção de uma sólida audiência é item fundamental.

Lembre-se: quem não é visto, não é lembrado. Em segundo lugar, tenha em mente que a construção de audiência não é algo fácil de se realizar. Requer compromisso, dedicação e aplicação de tempo, 'muuuuuito' tempo.

Você pode até pensar que é fácil e barato. Talvez você pense: "vou criar um canal no YouTube e vou começar a gravar vídeos sobre tal assunto que eu domino e gosto". Sim! Essa é uma das chaves para se construir uma sólida audiência. Ocorre que isso exige **disciplina e criatividade**. Então você pensa: "mas é barato, pois não pago nada para isso". Ok, mas pense que o seu tempo é algo caro. Mais à frente aprofundaremos esse assunto.

AUTORIDADE

Um dos efeitos positivos que a construção de uma audiência sólida pode lhe trazer. A partir do exato momento em que você começa a construir sua audiência, imediatamente começa a construir, paralelamente, sua 'Autoridade' naquele tema escolhido.

Pense em qualquer um dos YouTubers famosos, principalmente aqueles que possuem canais com milhares e até milhões de inscritos. Todos esses são exemplos de 'Autoridades' naquele nicho em que escolheram atuar.

Agora observe que é possível determinar – para todos eles – traços comuns, que os qualificam como profissionais extremamente competentes naquilo que se dispuseram a fazer. Todos eles são dedicados, diligentes, comprometidos, criativos e atenciosos com sua audiência.

É óbvio que há temas explorados por YouTubers que arregimentam (ou são capazes de) milhões de seguidores. Temas como humor, saúde, beleza, viagens, alimentação saudável, dentre outros, são mais propícios à aderência que outros. Talvez o tema objeto de sua atividade não possua tanto apelo assim. Ou talvez esse tema 'ainda' não tenha encontrado o seu YouTuber que o leve ao 'estrelato' nas mídias.

Mas há inúmeros outros canais para construção de audiência. Talvez você se adapte mais com outras formas de se comunicar com seu público alvo. Isso pode depender também da cultura local. Há países em que os canais de Podcast são muito bem aceitos. Noutros nichos, o livro impresso ou o e-book pode ser uma alternativa mais viável. Há quem explore Blogs, Vlogs, Sites de redes profissionais, redes sociais, etc.

Uma coisa parece certa: você deve encontrar um tipo de canal pelo qual se comunique com seu público alvo. Encontre uma forma de se comunicar por meio da publicação de artigos, vídeos, fotos, resenhas, podcasts ou qualquer outro modo pelo qual seja possível entregar seu conteúdo. Mas atente para o fato de que essa entrega deverá obedecer uma determinada frequência, ser autoral (é o seu conteúdo, é a sua opinião, foi você quem criou) e estar atenta aos feedbacks que receber de sua audiência.

A atenção aos eventuais feedbacks pode lhe indicar um caminho ou uma pista para a adaptação ou até mesmo para a pivotagem[2] (mais adiante veremos um pouco mais sobre esse termo) de sua estratégia. Por isso, estar atento aos comentários e respondê-los, agradecendo pelo retorno, é uma das estratégias para o reforço da audiência, via reforço na sua Autoridade.

---

[2] Pivotagem: Mudança radical no rumo dos negócios.

05

Dois passos pra frente, um passo pra trás

Saber perder para poder ganhar mais

"Progresso, da melhor espécie, é comparativamente lento. Grandes resultados não podem ser alcançados imediatamente; e devemos estar satisfeitos em avançar na vida como andamos, passo a passo."

Samuel Smiles

Mesmo antes de meu estágio na companhia petrolífera terminar, eu já estava (sempre) analisando oportunidades de emprego/estágio publicadas no jornal. E foi novamente recorrendo às páginas dos classificados que visualizei um anúncio de seleção publicado por um grupo empresarial local (concessionárias de veículos, agências de viagens e outras empresas em outros estados). Havia uma vaga para Classificador Contábil e outra vaga para Auditor Trainee.

Pensei que ali estava a vaga ideal para minha formação profissional. A função de classificador contábil é a função mais básica que se pode ocupar em termos da profissão contábil. Eu tinha em mente que, para construir uma sólida formação profissional, deveria começar pela mais básica função e seguir progredindo.

Me candidatei então à vaga de classificador e sequer cogitei pleitear a posição de Auditor Trainee. Entreguei o currículo, elaborei uma redação e aguardei o resultado da 1ª fase. Fui selecionado para a prova de conhecimentos técnicos. Ao realizar a prova, deparei-me com uma série de questões de ordem prática que eu ainda não havia vivenciado. Afinal, estava cursando o 3º semestre e muitas das questões colocadas exigiam expertise de quem já deveria ser tarimbado naquela função.

Ao receber o resultado, veio uma notícia ruim e outra boa. Fui convidado pelo Auditor Sênior do grupo para uma entrevista. Ele me explicou que – para a função de classificador contábil – a empresa exigia alguém com bastante experiência. E eu não tinha o perfil adequado. Mas, que devido ao fato de eu já ter trabalhado em um setor de Contabilidade de uma grande instituição financeira, já possuir dois cursos de computação e, principalmente, por já ter trabalhado em uma multinacional, meu perfil se encaixava para a função de Auditor Trainee, que pagava quase cinco vezes mais que a função de classificador.

Outra das características que chamou a atenção de meu recrutador foi – segundo ele mesmo – minha redação. Ele havia gostado bastante da qualidade de meu texto, construído de forma organizada, limpa, sem erros e com uma letra adequada para os trabalhos de auditoria. Essa foi a primeira vez que percebi que tinha valido a pena manter a letra de forma.

Argumentei com o Auditor Sênior que minha vontade era a de aprender a classificar e que eu havia me candidatado àquela vaga para isso. Mesmo assim, fui convencido a 'experimentar' a posição de Trainee. Aceitei com um misto de desapontamento e orgulho.

Nos primeiros dias naquela empresa, minha principal ocupação seria a de estudar. O setor de Auditoria possuía uma pequena, mas relevante, biblioteca com livros de Auditoria Interna. Tratei de devorar todos os volumes, o mais rápido possível. Aproveitava para fazer anotações que discutia com os meus superiores. Foi uma experiência fantástica!

Em seguida, meu treinamento de campo teve início. Consistia basicamente em acompanhar o Auditor Assistente na realização de trabalhos localizados de Auditoria. Era observar e aprender. Discutíamos sobre técnicas aplicadas, falhas detectadas e sobre as recomendações que deveriam constar dos relatórios. Aquilo para mim era mais ou menos como estar em um parque de diversões. E ainda estava sendo (bem) pago por isso.

Àquela altura, meu salário e benefícios diretos e indiretos somavam uma quantia superior ao que minha mãe recebia de pensão pelo falecimento de meu pai. Eu, contudo, estava preocupado. Eu sabia que somente me transformaria em um profissional completo se tivesse a oportunidade de exercer e exercitar atividades básicas na Contabilidade. Essa experiência foi a primeira demonstração prática do que é a zona de conforto. Mesmo intuitivamente, eu sabia que teria que me livrar daquela situação para o meu próprio bem.

Se eu tinha do que reclamar naquela empresa? Pelo contrário! Eu tinha uma excelente posição (status) profissional. Tinha um excelente salário, principalmente considerando minha idade – 19 anos – e minha pouca experiência. Além disso, o ambiente de trabalho (físico e de relacionamento) era o melhor possível, simplesmente algo inimaginável!

Mesmo assim, eu ouvia sempre uma sirene tocando em minha mente. O barulho do alarme me dizia que eu não deveria me enganar com aquela situação. Afinal, eu sabia que somente construiria uma sólida base de conhecimentos se eu começasse da base. Em suma, eu sabia que aquela situação era artificial e que eu teria que corrigir urgentemente o rumo de minha carreira.

O certo é que pouco tempo depois fiquei sabendo que estava em aberto uma vaga de estagiário para atuar como classificador contábil. O salário? Salário Mínimo. Benefícios diretos e indiretos? Zero! Mas as vantagens, para mim, eram as seguintes: era um dos maiores escritórios de Assessoria e Auditoria Contábil do Estado; eu teria muito mais oportunidades de contato com uma grande variedade de empresas; e poderia cumprir com toda a sequência de evolução já traçada por mim, começando pela função mais básica e indo até o topo da carreira (de Auditoria).

Tratei de agradecer aos meus tutores e expliquei que teria que cumprir a jornada que eu mesmo havia traçado para minha formação profissional. Me demiti para ocupar uma posição inferior, acreditando que estava fazendo um investimento em minha carreira. Até hoje penso que foi uma das decisões mais acertadas que tomei – em termos profissionais – em toda a minha vida.

Novamente a notícia cai como uma bomba para minha mãe e demais familiares. Afinal, só um 'doido' abandona um emprego por um estágio, para ganhar aproximadamente 5 vezes menos!

Eu não dei ouvidos àquelas críticas. Já havia percebido que minha pouca vivência no mundo corporativo era superior a toda a experiência acumulada de minhas tias e tios. Naquele tema, eu estava alguns anos à frente deles todos e não poderia me deixar influenciar por opiniões de pessoas que não conheciam a realidade de minha profissão. Novamente eu tentava explicar, em vão, que estava realizando um investimento em mim mesmo.

Contrato rescindido na carteira de trabalho, voltava à condição de estagiário, mas com um sabor de ascensão! Estava ali iniciando um ciclo definitivo em minha trajetória profissional. E de fato foi isso mesmo que aconteceu. Minhas expectativas de desenvolvimento profissional foram todas superadas.

Fui inicialmente lotado no departamento de Assessoria Contábil. Desde a minha primeira missão, que seria a de organizar e classificar mais de um ano de contabilidade atrasada de uma empresa de médio porte, sempre procurei dedicar-me o máximo. Os desafios que me eram apresentados me convenciam, dia após dia, que eu havia tomado a decisão certa.

Certo dia nos aproximávamos do período em que as empresas estavam preparando seus inventários. Assim, o departamento de Auditoria prospectou voluntários junto ao nosso departamento de Assessoria, para ajudar em tarefas de acompanhamento de tais rotinas. Imediatamente me candidatei. Nota: aqui nesta empresa eu ocupava a função de estagiário.

Apresentei-me e recebi as instruções. A tarefa passada era simples, embora bastante trabalhosa. Seria realizada em um dia de feriado, pois como envolvia contagem de estoques, aproveitaríamos que a produção estaria paralisada. Foi destacado um auditor para me instruir e acompanhar meu trabalho. A empresa selecionada produzia (produz ainda) derivados de petróleo, como vernizes e solventes. O auditor distribuiu as tarefas. Ele ficou com o acompanhamento de tanques (produtos a granel) e eu ficaria responsável pelas embalagens, rótulos, tampas, etc.

Havíamos recebido – do diretor de Auditoria – uma ficha para preenchimento com dados relacionados à atividade. O auditor – tendo ficado com os tanques – acabou muito mais cedo que eu, que tinha recebido a missão de checar a contagem de uma infinidade de itens. Cerca de duas horas após iniciarmos o trabalho, o auditor já havia concluído a parte dele. Despediu-se de mim e foi para casa, para aproveitar o restante do feriado. Eu permaneci desenvolvendo o trabalho para o qual fui designado.

Pouco após a metade do dia, o chefe do departamento de Auditoria ligou para a empresa. Queria falar com o seu auditor designado. Um dos colaboradores respondeu que ele já havia ido embora e que somente o 'estagiário' estava por lá, desenvolvendo o trabalho. Ele pediu para falar comigo. Expliquei que, como a distribuição havia sido material a granel e material de embalagem, ele havia finalizado a parte dele e eu ainda deveria permanecer por lá até o final do dia, muito provavelmente.

Pelo tom de voz dele, percebi um certo ar de indignação. Ou seja, como poderia o 'supervisor' do trabalho ter abandonado um simples estagiário para o desenvolvimento de uma tarefa para a qual a empresa havia sido contratada?

No dia seguinte, deveríamos entregar ao auditor-chefe a ficha que havíamos recebido para preenchimento com dados relacionados à atividade. O auditor que me acompanhou entregou **exatamente** o que lhe foi pedido. Eu entreguei – além da ficha – um relatório completo que eu havia produzido, sobre toda a atividade de acompanhamento do inventário. Como eu já havia estudado bastante sobre o tema e havia acompanhado uma atividade similar em minha ocupação anterior, achei mais acertado agir proativamente e entregar mais do que me havia sido pedido. Em meu relatório inseri um completo conjunto de informações sobre o trabalho, como croquis do armazém; equipe responsável; cronometragem de tempo de cada contagem, etc. Ao fim do relatório, aproveitei para sugerir ajustes no desenho do armazém, dentre outras.

O resultado disso foi que acabei sendo convidado a receber uma promoção. Deixaria o departamento de Assessoria Contábil e migraria para a Auditoria. Argumentei que eu já havia pedido demissão de uma função em Auditoria para poder aprender classificação e conciliação contábil. O chefe do departamento de Auditoria me convenceu a permanecer – pelo menos por um período de quatro meses – ajudando-o a produzir rascunhos de relatórios. Aceitei porque vislumbrei uma oportunidade de, ao voltar para a Assessoria Contábil, já receber uma promoção e passar a orientar estagiários. E assim aconteceu. Fui contratado como Auditor Assistente e dali em diante minha trajetória profissional foi de evolução contínua naquela empresa.

Novamente minha capacidade de escrever (desenvolvida em função de meu gosto pela leitura) havia me apresentado uma oportunidade profissional interessante. É certo que em diversas atividades profissionais, a capacidade de escrever corretamente não é valorizada. Mas, em atividades que requerem a produção de relatórios, como Assessoria, Consultoria e Auditoria, isso vale muito!

Uma das coisas que mais me agradavam naquela empresa era a liberdade para participar de cursos, seminários e palestras. Nós mesmos chegamos a instituir o expediente de 6ª feira à tarde como exclusivo para treinamentos. E nós éramos os 'professores' responsáveis. A cada semana um de nós era escolhido e preparava o treinamento para a 6ª feira seguinte.

Além desses treinamentos 'in company', eu participava de todos os treinamentos externos que podia. Paralelamente ao desenvolvimento de meu curso superior, acumulava centenas de horas de qualificação profissional em cursos, palestras, seminários e congressos. Não lembro de ter desperdiçado uma única oportunidade.

Minha desenvoltura na atividade de Consultoria Contábil ia muito bem. A cada novo trimestre, novos desafios se apresentavam. E sempre conseguia ultrapassar os obstáculos aprendendo mais e me tornando um profissional completo.

Cheguei a receber inúmeras propostas de emprego de empresas clientes da firma de consultoria e auditoria. Muitos empresários me pediram para que eu pedisse demissão e passasse a trabalhar com exclusividade para eles. As propostas salariais invariavelmente eram o dobro ou triplo do que eu ganhava na época. Agradecia e educadamente rejeitava todas. Para mim, o que estava em jogo naquele momento era a capacidade de aprender. E poder estar em contato com o maior número possível de empresas significava aprendizado mais rápido e mais diversificado. Enquanto que trabalhar para uma única empresa significava – na minha visão – estagnação profissional.

E enquanto trabalhava, minha antipatia pelo Direito ia – paulatinamente – se transformando em admiração. Isso porque éramos obrigados a ler centenas de decretos, instruções normativas, leis e um outro tanto de resoluções vinculadas às nossas atividades. Passei a verificar a possibilidade de – após a formatura em Contábeis – ingressar como graduado em Direito. Mas, essa modalidade de ingresso – para o curso de Direito – não existia.

Decidi então me inscrever no vestibular para o curso de Direito na UFC. Decidi também que não estudaria – para aquele vestibular – um único dia. Levei minha rotina normalmente. Em meados de 1988 graduei-me em Ciências Contábeis e no mês seguinte recebi o resultado de minha aprovação – via vestibular – para o curso de Direito na mesma UFC. Para assistir às aulas do novo curso eu teria que mudar apenas algumas quadras, para o prédio localizado um pouco mais próximo ao centro da cidade.

O certo é que a partir dali, graduado e com a credencial do Conselho na mão, poderia iniciar um novo ciclo profissional em minha vida. A partir dali eu era um profissional com habilitação legal para trabalhar por conta própria.

Eu teria então que decidir o que fazer... continuaria trabalhando naquela empresa de consultoria? Montaria a própria empresa? Eu estava agora com 21 anos e essa seria a próxima decisão relevante que estava diante de mim. Em resumo, posso salientar que, neste período de minha vida, o aprendizado mais marcante para mim foi:

- Cuidado para não permanecer na zona de conforto;
- Necessidade de construir solidamente expertise profissional;
- Gratidão e respeito profissional pelos superiores;
- Decisão incondicional de sempre entregar mais do que me havia sido pedido;
- Decisão de agir sempre de forma proativa, como candidatar-me voluntariamente a realizar novas tarefas profissionais na organização, mesmo em departamentos diversos do que eu estava lotado.

SACADA TEM NOME

BENCHMARKING

A observação de concorrentes que atuam de forma mais rápida, barata e eficiente pode indicar algumas soluções para tornar o nosso processo ainda mais eficiente. Se os que sobrevivem não são os mais fortes, mas aqueles que melhor se adaptam, podemos afirmar que a técnica de Benchmarking deve ser um 'dever de casa' permanente em todas as corporações e profissionais. É preciso ter em mente que o empreendimento e o profissional, que não está em constante processo de evolução, estão sendo excluídos do mercado em que atuam. É óbvio que a técnica não pode ser a do tipo 'copiar e colar'. O segredo está na observação, com a adaptação inteligente, respeitando aspectos próprios do negócio, para que o resultado seja superior ao da organização observada.

Um grande consultor em Benchmarking é o cliente. A empresa ou pessoa que identifica a reclamação do cliente apenas como uma crítica está equivocada. Se o cliente reclamou, o ideal é que nos "coloquemos nos sapatos dele", procurando entendê-lo, se necessário, pedindo desculpas e corrigindo o erro para proporcionar ganho de performance.

CAPITAL HUMANO

Certamente um dos mais valiosos Ativos Intangíveis que uma organização – seja de qual porte for – pode contar para o seu desenvolvimento. A Liderança Visionária é capital humano. Outros valores como a iniciativa, criatividade, humildade, atendimento, avaliação subjetiva, sensibilidade e inovação, dentre outros, são elementos que só estão e somente estarão presentes na mente humana.

Portanto, encontrar profissionais que sejam diferenciados é uma de suas principais tarefas se você quiser crescer. Em seguida, encontrar uma fórmula eficiente e sustentável para remunerar tais profissionais, estimulando-os a permanecer e trabalhar para o crescimento do empreendimento é tarefa essencial.

06

Passos rápidos através do tempo

Sucesso é resultado de um processo

"Com organização e tempo, acha-se o segredo de fazer tudo e bem feito."

Pitágoras

Bom, acho que é importante – neste ponto do livro – dizer que o objetivo central não era (e não é) o de produzir uma obra autobiográfica. Como eu já falei mais no início, apenas achei interessante contar um pouco sobre minha história, para em seguida introduzir o tema, conceitos e ideias relacionadas ao título proposto.

Então, feitas mais essas explicações, neste capítulo vamos passar voando pelos principais acontecimentos que ocorreram em minha vida dos 21 aos 50 anos. Pois ao entrar na segunda parte iremos, sem mais delongas, direto ao ponto!

Em respeito a você que já deve estar ansioso(a) pela mensagem que me propus a trazer, pretendo trazer aqui neste capítulo uma narrativa mais célere. Creio que o ideal é exibir um texto orientado por uma linha do tempo, visando concluir o mais breve possível essa narrativa pessoal. É óbvio que muita coisa deixará de ser relatada aqui, por conta dessa estratégia adotada. Mas aqui estão os acontecimentos que considero mais importantes em minha vida, principalmente os que impactaram minhas atividades e escolhas profissionais e que podem servir de inspiração para o leitor, você.

Por exemplo, vou deixar de fazer referências, a partir de agora, à maioria dos programas de qualificação profissional. Simplesmente porque ficaria demasiadamente chato descrevê-los.

Para ser o mais objetivo possível, vou citar a data de referência na linha do tempo e descrever o(s) acontecimento(s) ou experiência(s) de forma breve. Vou reduzir ao mínimo os comentários sobre juízo de valor, deixando a narrativa mais como uma timeline.

Vamos lá!

20 A 30 ANOS

21 ANOS (1988)

Concluí o curso superior em Contábeis e fui aprovado no vestibular para Direito, ambos junto à UFC – Universidade Federal do Ceará. Agradeço por todas as oportunidades de estágio e emprego que me foram dadas. **Sou defensor incondicional de se aliar a prática à teoria, principalmente quando se está em uma formação superior.**

22 ANOS (1989)

Desligava-me da empresa de Auditoria em que estava como empregado. Partia para a abertura de uma empresa própria. Estava agora, juntamente com um colega, por nossa conta e risco. Agradeço muitíssimo a todos os meus 'chefes' que tive até essa fase. Recebi gratuitamente inúmeras dicas de comportamento e postura profissionais que me orientam até hoje. **Numa dessas, um de meus patrões me ensinou a honrar os compromissos assumidos com os clientes.** Lembro bem de suas palavras nos orientando a jamais nos atrasarmos para reuniões e tampouco agendar horários que saberíamos não poderíamos estar presentes.

23 ANOS (1990)

Nossa nova empresa de prestação de serviços contábeis (Auditoria e Assessoria) vinha conquistando novos clientes seguidamente. **Estávamos expandindo atividades em um excelente ritmo.**

24 ANOS (1991)

Casamento. Uma das decisões mais importantes, felizes e acertadas em toda minha vida. Minha esposa foi e é, para mim, uma força que tenho sempre comigo. Fui agraciado com um presente que a vida me deu. Felizmente encontrei uma mulher que é perfeita para mim. Somos feitos um para o outro. **Um casamento é algo para se cuidar diariamente.** Entendimento, respeito, cuidado e motivação mútuos são alguns dos ingredientes fundamentais na jornada. Manifestações diárias de atenção e carinho reforçam a liga que deve estar sempre entre um e outro.

Aprovação em 1º lugar no concurso público para Professor Substituto na UFC (Contábeis). Tive que suspender o curso de Direito. Seria a primeira de outras interrupções que atrasariam este novo curso superior. Comecei a ministrar aulas em minha antiga faculdade. Desenvolvia a atividade em paralelo com a empresa de Auditoria e Assessoria Contábil.

Obtive certificação em Docência do Ensino Superior. Como professor do curso de Contábeis, na UFC, tive a oportunidade de participar de mais esse programa de treinamento exclusivo para o corpo docente da instituição. Esse foi um dos mais importantes treinamentos em que participei e me estimularia a atuar mais fortemente como Educador. Passei um ano como professor da UFC. Foi uma experiência fantástica!

25 ANOS (1992)

Nascimento de meu primeiro filho. Um acontecimento único na vida do casal. Mais responsabilidade e uma mudança permanente em nossas vidas dali em diante. **Ver um filho crescer, desenvolver-se e iniciar novas jornadas é algo belíssimo para os pais.**

Neste mesmo ano decidimos desfazer a sociedade empresarial da empresa de Auditoria e Assessoria. Ato contínuo, optei por abrir uma nova e seguir trabalhando e ministrando aulas na UFC, e em seguida em outras faculdades e cursinhos.

26 ANOS (1993)

Fui convencido por um amigo a fazer o concurso para o cargo de AFRE da SEFAZ/CE. Tínhamos poucos dias para estudar. **Organizei uma pausa em minhas atribuições junto à minha empresa contábil e estudei as matérias que tinha mais dificuldade, durante aqueles poucos dias que restavam entre a data da inscrição e início das provas.**

A divulgação do resultado trouxe a notícia de que tínhamos sido aprovados no certame. Fomos classificados entre os últimos candidatos, mas dentro do quantitativo de vagas. Esperaríamos até o início do ano seguinte para sermos convocados e nomeados.

Em dezembro concluí os trâmites para a extinção da empresa de Assessoria e Auditoria Contábil. Estava já me preparando para a nomeação, treinamento e lotação como servidor público.

27 ANOS (1994)

Posse, treinamento e lotação como Auditor Fiscal da Receita Estadual junto à SEFAZ/CE. **Logo após o treinamento, apresentei-me como voluntário** para um trabalho junto à assessoria de Auditoria, junto com mais cerca de cinco colegas. Como o resultado do trabalho surpreendeu o diretor, fomos requisitados a compor um grupo que atuaria junto ao seu gabinete.

30 A 40 ANOS

30 ANOS (1997)

Nascimento de nossa segunda filha. A nova família agora era composta por 4 membros. **Incrível como cada filho traz uma nova energia** e alegria para o casal. A família se renova, fica mais unida e ganha novas forças para essa nova fase.

Concluí a Pós-Graduação – em nível de especialista – em Auditoria. Dentre muitos programas de desenvolvimento profissional, e ainda tendo que retomar o curso de Direito, obtive mais essa certificação.

31 ANOS (1998)

Com o objetivo de me forçar a continuar uma rotina forte de estudos e pesquisas, tanto em Direito como em Contabilidade, criei uma espécie de 'blog'. Na verdade, era mais um repositório online de estudos, artigos e matérias que me interessavam. Era uma forma de estabelecer um compromisso de pesquisar, ler e subir (upload) essas pesquisas, organizando-as para pesquisa pública.

Aqui faço uma pausa para chamar a atenção do leitor em relação ao acontecimento desse ano. Aí está o embrião de uma atividade que consumiu muito de minhas energias ao longo desses vinte últimos anos. Ao mesmo tempo, é prazeroso assistir ao desenvolvimento de algo que você contribuiu desde o começo.

Eu ainda não sabia, mas esse repositório iria se transformar em uma de minhas principais atividades profissionais, no futuro.

33 ANOS (2000)

Graduação no curso de Direito da UFC. Mesmo tendo assumido diversos compromissos profissionais, e eventualmente lecionando em cursinhos para concursos públicos nos fins de semana, **consegui graduar-me em meu segundo curso superior.**

34 ANOS (2001)

Nascimento da nossa filha mais nova. **A 'caçula' veio à luz no mesmo dia de meu aniversário. Foi mais um lindo presente que recebi em minha vida.** Nossa família agora somos 5!

36 ANOS (2003)

Conversão do antigo site 'repositório' online de artigos, notícias e destaques em uma instituição de ensino, para ministrar, pela web, cursos livres de qualificação profissional. Como eu estava investindo em manutenção mensal, pensei em agregar a eventual receita advinda de matrículas em alguns de meus cursos como estratégia de financiar a iniciativa. **Estava ingressando no mundo do *e-learning* quando praticamente ninguém falava sobre o assunto.** Eu sabia que estava criando – mais um – um empreendimento na área que mais me atrai: a Educação.

Ou seja, pensei que a receita com a matrícula em meus cursos fosse suficiente para suprir os gastos mensais com armazenagem, manutenção, etc. Ocorre que com a inciativa, novas demandas vieram. E eu tive que investir centenas de dias de meus fins de semana na produção de novos cursos.

Certo dia comentei com um conhecido que estava ministrando aulas pela internet. Esse diálogo aconteceu em dezembro de 2003. Meu interlocutor era proprietário de um colégio em um outro estado. Ele riu muito de mim e zombou de minha iniciativa. Fiquei bastante constrangido na ocasião. Mas sabia que eu estava operando no futuro, e ele operava no passado. Hoje, infelizmente, o colégio dele fechou as portas.

40 ANOS (2007)

Conclusão do Mestrado em Controladoria, pela UFC. Dois anos após iniciar o programa, defendi a dissertação apresentando uma pesquisa sobre a utilização de ferramentas de entrelaçamento eletrônico de dados pela Auditoria Tributária no estado.

Em seguida, já com o título de Mestre, fui convidado a integrar o corpo docente de uma IES – Instituição de Ensino Superior. Como sempre fui (e sou) apaixonado por sala de aula, estava pronto para voltar à atividade, numa das mais prestigiadas instituições de ensino superior do estado.

No mesmo ano recebi do Conselho Administrativo Tributário da Secretaria da Fazenda do Estado do Ceará uma solicitação de liberação de licença de uso de um dos softwares que eu havia criado para a realização de atividades de Auditoria Fiscal. Esse pedido, formalizado em ofício, é um dos documentos que mais me orgulharam à época. **Era também a confirmação de que o ato de empreender não é restrito à iniciativa privada.** Com esse novo software, o agente do fisco pode otimizar sensivelmente o tempo de realização de seus trabalhos, gerando uma resposta mais rápida e acurada ao Erário.

43 ANOS (2010)

A plataforma de e-learning muda de nome e de configuração de conteúdos. Passa a agregar cursos de outros professores e agrega diversas novas áreas do conhecimento.

Minha participação como professor continua forte, mas agrego também a coordenação de conteúdos. Passo a conversar com professores, conteudistas (empresas e profissionais) e tutores.

Devido às minhas formações acadêmicas nas áreas Jurídica e Contábil, eu era responsável por prospectar, analisar e validar a maioria dos conteúdos de cursos, seminários e palestras nessas áreas. Nas demais áreas do conhecimento, recorremos a professores especificamente contratados para tal fim. Neste ano de 2010 eu comecei a cursar um programa de Doutorado em Ciências Jurídicas e Sociais fora do Brasil.

44 ANOS (2012)

Conclusão dos créditos do programa de Doutorado em Ciências Jurídicas e Sociais. Iniciaria naquele ano a produção da tese.

48 ANOS (2015)

Participação em programa de desenvolvimento profissional em uma universidade americana. O seminário de uma semana foi bastante intenso, focado em gestão e finanças. Obtive minha primeira certificação internacional. Obtive certificação em Internacional Accounting Leadership pela Anderson University, onde tive o prazer de ser escolhido pela turma para proferir um breve discurso em nome dos demais colegas brasileiros. Foi uma experiência única! **Pela primeira vez estudando nos Estados Unidos, conhecendo sobre a cultura de gestão, negócios e inovação.**

49 ANOS (2016)

Tomei a decisão de rescindir o contrato com a IES junto a qual estava ministrando aulas presenciais, no período noturno, regularmente. Por um lado, estava triste em ter que abandonar a sala de aula 'física'. Mas eu estava acumulando outras atribuições e ainda estava me esforçando para continuar gravando aulas 'online'.

Tempo é questão de prioridade. Você tem tempo para aquilo que decide priorizar. Eu não achava justo ter que viajar e deixar minhas turmas com professores substitutos. Mesmo com a coordenação acenando que isso não seria um problema, eu considerei uma injustiça para com a instituição e para com os estudantes.

A partir daí, teria mais tempo para outras atividades que exigiam minha atenção e energia.

Concluí a tese de Doutorado e fiz a apresentação formal. Obtive então o título de Doutor em Ciências Jurídicas e Sociais.

Antes do fim do ano, como não tinha mais que ministrar aulas presenciais, em um período de férias, participei de minha segunda incursão em uma missão internacional. Dessa vez viajei para a Califórnia para estudar e conhecer mais sobre a região do Vale do Silício, em San Francisco. Foi simplesmente incrível! Voltei ao Brasil com a cabeça fervilhando e com uma visão diferente de como devemos (e podemos) realizar nossas atividades profissionais.

50 ANOS (2017)

Em 2017 foi a vez de conhecer o ambiente de inovação e empreendedorismo de Toronto, no Canadá. Essa missão foi desenvolvida pelo meu filho mais velho, que está estudando e trabalhando por lá. Além de poder usufruir de mais uma experiência fantástica, do ponto de vista de aprendizado profissional, tive o prazer e o orgulho de ver algo tocado pelo meu primogênito.

Bom, pessoal, chegamos aos meus 50 anos. Creio que a viagem foi bastante rápida e superficial neste capítulo. Mas, como disse, temos que avançar e tratar dos temas para os quais este livro foi pensado.

Em resumo, posso salientar que, neste período de minha vida, todos os principais traços de caráter que vim acumulando até aqui me qualificaram para poder enfrentar todos os desafios que surgiram. Obtive inúmeras vitórias. Nas ocasiões em que o resultado não foi o esperado, ganhei em experiência. Mas sempre procurei atuar de forma íntegra, respeitosa e honesta. É certo que – devido aos inúmeros embates que travamos – nem sempre acumulamos admiradores. Mas orgulho-me de saber que, mesmo dentre aqueles que não gostam de mim, o traço de minha personalidade que eles mesmos apontam é a honestidade. Sempre procurei honrar minha palavra e meu nome.

> Penso que o nome e a palavra de uma pessoa são os dois mais fortes pilares sobre os quais se sustenta seu posicionamento pessoal e profissional.

Quando alguém lembra de você, imediatamente uma imagem mental lhe vem à mente. Isso é algo que eu sempre procuro salientar com meus educandos. Se você promete algo a alguém, você é levado a sério? Ou, se aquela pessoa não lhe conhece, alguma outra pessoa se apresenta para avalizar sua palavra empenhada?

Esse questionamento é muito importante para você. Faça-se essa pergunta e procure checar com um amigo sincero sua opinião. Peça-lhe que responda com toda a sinceridade.

Outro traço de nossa personalidade que pode ser o marco divisório entre nosso sucesso ou fracasso pessoal e profissional é sobre nosso coeficiente de Inteligência Emocional. Ou seja, não adianta sermos ultra competentes no que fazemos, se não temos habilidade no trato com os demais.

Saber convencer, persuadir, negociar, propor, ajustar e avançar, evitando ao máximo o confronto é, definitivamente, um traço de caráter valioso para qualquer profissional. Pense nisso!

SACADA TEM NOME

COWORKING, Economia de Compartilhamento, Colaboração

A cultura de compartilhamento de infraestrutura e espaço de trabalho é uma realidade. Dependendo do tipo de negócio ou atividade, os ganhos podem ser fantásticos. À redução de custos alia-se uma série de outras vantagens, como o fortalecimento do Networking, a troca de experiências, indicações qualificadas de parceiros, localização privilegiada, instalação mais rápida e menos burocrática, dentre outras.

Essa nova ambiência vem se difundindo cada vez mais a partir da constatação de que a redução de custos é apenas um dos benefícios. O movimento global em torno da nova Economia do Compartilhamento e da Colaboração vem potencializando os ganhos do 'usar' em vez do 'possuir'. Essa nova realidade está disruptindo indústrias inteiras, como a automobilística, por exemplo, que já trabalha com cenários para os próximos 20 anos em que a nova geração sequer saberá, ou desejará, dirigir (veja mais sobre o tema quando abordarmos o termo 'disruptir').

Esse modelo de compartilhamento está se expandindo rapidamente para outras áreas como o coliving, que são prédios residenciais que oferecem áreas comuns como a cozinha e a lavanderia, por exemplo. Essa modelagem permite disponibilizar apartamentos menores, e portanto mais acessíveis, em áreas da cidade extremamente valorizadas (caras) a partir do compartilhamento de uma infraestrutura que entrega conforto, exigindo, em contrapartida, um nível de civilidade e colaboração maior entre seus residentes.

Na França, há um novo equipamento em desenho que unirá o coliving, coworking e connect. Ou seja, agregará áreas residenciais vizinhas às de trabalho, com alta conectividade e inteligência embarcada.

CROWDFUNDING

Junção de duas palavras do idioma inglês (crowd = multidão e funding = financiamento). Trata-se de uma maneira de conseguir dinheiro para um determinado projeto que requer aporte financeiro. Além de eventualmente conseguir o financiamento necessário, pode trazer outros benefícios indiretos, como marketing digital espontâneo e a construção de networking vital para a ideia. Para quem não tem acesso ou não pode optar pelo financiamento bancário, o financiamento coletivo pode ser uma boa opção. Se seu projeto se encaixa, pesquise pelo termo na Internet. O mais importante: Peça indicações e pesquise sobre 'cases' anteriores.

APRENDENDO A ENRIQUECER

07

Ferramentas para enriquecer dormindo!

A importância de elaborar e seguir um Plano E

"Não se deve colocar todos os ovos na mesma cesta."

Ditado Popular

Estamos iniciando agora a parte na qual vamos tratar diretamente das ferramentas, dicas e estratégias para que seja possível enriquecer dormindo. Nesta segunda parte, disponibilizo uma série de dicas práticas que vão te ajudar a fazer escolhas e dar início à sua jornada para construção de um ou mais canais de geração de renda passiva escalável.

PLANO 'E' – Educação, Empreendedorismo e Escalabilidade

Algumas das sacadas são tão importantes que deixei para tratar dessas em separado. E a principal mensagem que preciso lhe passar com este livro é sobre a necessidade de colocarmos em funcionamento nosso 'Plano E', mencionado no capítulo 1.

Você provavelmente já ouviu falar no 'Plano B', ok?

Sim, claro.

O Plano B é a expressão designada para identificar uma alternativa ao plano principal, que seria então tratado por 'Plano A'.

Vamos começar então defendendo que – qualquer que seja sua atuação profissional – você tem que pensar e pôr em prática uma estratégia alternativa à sua atividade principal. Seja por pura diversão ou por uma necessidade de ter um plano de contingência ao plano original. O ideal então é que você construa uma 'rota de fuga' no caso de algo dar errado com a atividade principal.

Aviso importante: A construção de um plano alternativo, de algo que lhe interessa e que você eventualmente enxergue como um negócio viável deve ser pensada e tocada sem que interfira em sua atividade principal. Ou seja, o seu 'plano de saída' não pode gerar prejuízos à atividade que você tem como principal fonte de renda.

DICA

Todos nós dispomos de pelo menos duas horas diárias de ociosidade, nas quais podemos nos dedicar a configurar mentalmente e em seguida pôr em prática, algumas providências necessárias ao nascimento dessa nova atividade empreendedora.

Muitos dos estudantes que passaram por minhas aulas rebatem de pronto esta argumentação de que dispõem de horas livres para em seguida engatar comentários sobre a nova novela das 8, ou um novo seriado via streaming ou de quantas cervejas beberam em todos os churrascos e comemorações no último fim de semana.

O certo é que para quem não quer fazer, qualquer argumento serve de desculpa. Como você acha que eu arrumei tempo para escrever este livro que você está lendo agora?

Quer uma dica? Vou lhe dar duas:

1. Comprometimento com a meta. O que eu fiz para isso? Publiquei uma declaração de compromisso com meus seguidores em minhas páginas de minhas redes sociais, prometendo publicar um capítulo por semana, no mesmo dia em que publiquei o primeiro capítulo. Como eu honro minha palavra empenhada, vi-me obrigado a cumprir com o prometido.

2. Passei a organizar meu tempo para acordar – diariamente – meia hora mais cedo e poder escrever pelo menos uma página por dia. Como eu já acordo diariamente às 4:45, tive que acordar às 4:15, escrever até às 4:45 e daí seguir com minha rotina normal de academia às 5:30 em diante.

Então nesse ponto muitos dizem: 'puxa, mas eu não consigo acordar nesse horário, e blá, blá, blá'... Bom, o certo é que eu poderia escrever um livro inteiro só com alternativas à simples estratégia de acordar meia hora mais cedo. Mas sei que você é inteligente e já sacou a mensagem. O fato é que:

Só é capaz de realizar algo além aquele que se dispõe a sair de sua zona de conforto.

Se você não é capaz disso, jamais realizará nada de que se orgulhe de fato.

No capítulo seguinte vou listar uma série de modelos de negócios que podem ser executados do zero, com pouco ou nenhum dinheiro, que eventualmente podem se constituir em estímulo a tal movimento. O importante, porém, é você tomar a decisão de pensar e em seguida implementar seu plano alternativo.

E, como visto anteriormente, de pouco vai adiantar você possuir a visão de que irá construir o seu 'Plano E', se não tiver a mínima disposição de se movimentar na direção de todos os sacrifícios que tal iniciativa demanda.

A boa notícia para os que realmente se dispuserem é que a partir da decisão, a jornada torna-se interessante, divertida, desafiadora e repleta de momentos em que você estará crescendo como pessoa e como profissional.

O mais incrível é que – em muitos casos analisados – o plano alternativo se mostra rapidamente mais rentável e divertido do que a atividade desenvolvida como fonte de renda original. E é nesse ponto que muitos empregados se transformam em empreendedores, viabilizando sua independência financeira no médio e longo prazo.

Mas, por que 'Plano E' em vez de 'Plano B'?

Minha intenção em batizar tal alternativa com a letra 'E' deve-se – inicialmente – ao fato de que:

Você deve estar pronto para falhar com o primeiro (A) para tentar o segundo (B), o terceiro (C) e o quarto (D) plano alternativo idealizado.

Leia novamente o parágrafo em destaque para estar absolutamente certo disso!

É claro que essa não é uma regra e muitos planos alternativos dão resultado logo na primeira tentativa. Mas também é verdade que ao nos lançarmos no mundo do empreendedorismo, não há garantias de sucesso.

Por tal motivo, reforço o conselho de que tudo deve ser iniciado com muita paciência. Jamais apaixonar-se de pronto por uma ideia ao ponto de jogar tudo para o alto e lançar-se nela sem garantia, até que a mesma indique estabilização e geração de renda capaz de lhe sustentar em um nível próximo ao que você tem atualmente.

Importante também alertar você de que o seu 'Plano E' pode ser uma derivação de seu negócio ou profissão atual. Isso mesmo! Se você atualmente já empreende ou é empregado em um determinado modelo de negócio, pode bolar um 'Plano E' como uma nova modelagem de vendas ou de funcionamento da empresa.

Da mesma forma, se você é empregado em uma determinada indústria, pode enxergar uma demanda mal atendida ou um determinado nicho de mercado que não interesse à sua empregadora. Você pode detectar que eventuais fornecedores de sua empresa não se interessam ou são incapazes de suprir as demandas daquele negócio de forma eficiente e eficaz, pelo mesmo em um determinado nicho de mercado. Se você é um 'expert' naquela atividade, eis aí uma chance para bolar uma saída empreendedora.

Então, se eu pudesse lhe dar uma 'consultoria' profissional, certamente seria na direção de poder lhe ajudar a construir uma alternativa empreendedora. Atuar como empreendedor é uma forma magnífica de honrarmos nossa capacidade de criar riquezas.

No Brasil há um certo preconceito em relação a empreendedores e empresários. Infelizmente essa parece ser uma realidade. Para muitos, a opção por atuar como empresário é vista como ato tendente à exploração de trabalhadores. Muitos julgam, sem jamais terem se lançado ao desafio que é empreender no país.

Mas, se você é adepto da espiritualidade, talvez já tenha lido a Bíblia. Ou pelo menos algumas de suas passagens. Mesmo considerando que você já a tenha lido completamente, ou ouvido alguns trechos, peço licença para lembrar-lhe, ou fazer-lhe conhecer, sobre a 'Parábola dos Talentos'[3].

A Parábola dos Talentos tem muito a nos ensinar sobre nossa obrigação de honrar o Criador, multiplicando os recursos que estão sob nossa guarda e gestão. Nesse trecho, o texto bíblico conta a história de um senhor que entregou uma determinada quantia de recursos a três de seus servos e partiu para uma longa viagem. Ao retornar, chamou-os a prestar contas e premiou os dois que haviam multiplicado o valor recebido, ao passo que reprendeu aquele que lhe devolveu exatamente a quantia que lhe havia sido confiada.

[3] Evangelho de Mateus 25:14-30

Pois bem, essa é uma forma bastante interessante com a qual posso apresentar-lhe a obrigação que temos, para com a sociedade, de realizarmos o máximo que estiver ao nosso alcance, para o bem de nosso próximo.

Então você pode estar se perguntando: o que meu sucesso como empreendedor tem a ver com o bem da sociedade em que vivo? Simples! Ao empreender, você contribui para a geração de empregos, renda e impostos. E esses três ativos são impulsionadores de bem-estar, saúde, segurança e educação, para ficar somente nesses benefícios que a atividade empreendedora gera em uma determinada comunidade.

Para mim, a atitude empreendedora cumpre um papel pelo qual o ser humano honra sua capacidade de criar. Somos todos capazes de fazer mais pelo nosso semelhante. E o ato de empreender – para mim – é um de nossos deveres para com a sociedade.

É claro que nem todos se julgam capazes de encabeçar uma atividade empreendedora. Muitos se classificam como meros executores, ao invés de se perceberem como executivos. O fato é que mesmo essas pessoas podem estar apenas mal informadas ou simplesmente não capacitadas. O certo é que empreender é uma tarefa ao alcance de qualquer um.

Muitos, porém, podem apontar – mesmo antes de começar – inúmeros motivos pelos quais um determinado empreendimento pode falhar. Nisso eu concordo. Afinal, a taxa de sucesso é menor do que a taxa de fracasso. Contudo, isso não é – por si só – motivo para não elaborarmos planos e realizarmos testes.

Se você analisar os estudos que apontam os principais motivos pelos quais as empresas fecham, certamente irá encontrar uma infinidade de indicadores. Contudo, um dos principais motivos pelos quais as empresas dão certo é a resiliência de seus criadores. A resiliência, a capacidade de resistir, vai – aos poucos – conferindo aos empreendedores uma série de outras competências que são necessárias para o alcance de uma sustentabilidade na atividade escolhida.

E é por isso que defendo que, ao configurar seu 'Plano E', você tenha em mente os três pilares nos quais essa iniciativa tem que se basear: **Educação**, **Empreendedorismo** e **Escalabilidade**.

Isso mesmo! Esses três suportes são capazes de estabelecer firmemente qualquer atividade empreendedora.

1º PILAR DO PLANO 'E' – Educação

A Educação continuada é para o empreendedor uma obrigação. Aqui o termo é abrangente e significa toda e qualquer iniciativa que agregue conhecimento.

Tudo está em constante evolução. O comportamento de seus clientes tende a acompanhar e incorporar muitas das inovações tecnológicas. A partir dessa constatação, participar de cursos, seminários, palestras e missões empresariais pode ser a chave para a implantação de ajustes inovadores que posicionarão a empresa à frente dos demais atores naquele ramo.

Pelo menos uma vez por ano o empreendedor deve visitar outros lugares onde jamais esteve, aproveitando para conhecer os modelos de negócios similares ao seu, para que eventualmente possa adaptar novas tecnologias e/ou práticas em sua empresa.

Uma forma bastante inteligente e divertida de educar-se é por meio de filmes que contam a história de grandes empreendedores, destacando pontos sobre suas biografias e atitudes empreendedoras.

Mais à frente vou dedicar um capítulo inteiro a dicas de livros e vídeos que vão apresentar diversas sacadas empreendedoras fantásticas. E o mais incrível é que você vai se divertir muito aprendendo.

Deixo apenas um alerta quanto à questão da Educação como um dos pilares do seu 'Plano E': Conheço uma infinidade de pessoas que dedicam muitas horas de seus dias a estudar. Sabem mais de teoria do que qualquer outro colega em sua área, mas jamais se aventuram a testar esses conceitos na prática. Ou seja, o equilíbrio está no meio. Agora vamos falar sobre o 2º pilar do Plano E, que é o Empreendedorismo.

2º PILAR DO PLANO 'E' – Empreendedorismo

O empreendedorismo ou a atitude empreendedora é uma característica que as pessoas decidem assimilar. Isso mesmo. Há um mito sobre a característica empreendedora ser algo inato (que já nasceu com a pessoa) para uns, enquanto que para outros, não.

É fato, contudo, que a necessidade desencadeia uma série de iniciativas empreendedoras. Umas dão muito mais certo que outras e a história conta exemplos de camelôs ou vendedores ambulantes que se tornaram empresários de sucesso. É fato que os 'famosos' são poucos, mas há – certamente – milhares de exemplos similares que a história não anota.

O empreendedor de verdade é aquele que se preocupa em entregar soluções para os problemas que ele enxerga.

Muitos empreendedores, até por conta de conselhos de 'empresários de palco', decidem largar tudo e pôr em prática uma ideia empreendedora baseada simplesmente no fato de 'gostarem daquilo'. Isso está errado? Em parte, sim. Porque a visão deve estar focada no fato de 'entregar uma solução para tal tipo de problema que tal perfil de cliente possui'. Aí sim, se essa solução passa por uma atividade que você é 'apaixonado por realizar', temos uma combinação perfeita.

Um erro que muitos cometem ao 'bolar' um determinado negócio é partir para o empreendimento pensando em fazer algo simplesmente porque gostam, sem que estejam certos que o mercado apresenta tal demanda.

O verdadeiro empreendedor tem que partir para a montagem de seu negócio com o objetivo de solucionar uma determinada necessidade de um público-alvo muito bem definido. Ao enxergar uma 'dor', o empreendedor idealiza um 'remédio' capaz de proporcionar alívio rápido, barato e eficaz.

Vamos então para um exercício de configuração de um negócio: vamos utilizar como estudo de caso uma empresa que um amigo meu, que adora cozinhar, decidiu montar.

Quando ele idealizou o negócio, pensou em 'trabalhar com algo que é apaixonado por fazer'. Mais à frente você perceberá que o negócio tinha tudo para dar certo, mas deveria ter pensado como 'trabalhar para entregar uma solução para uma necessidade específica de tal perfil de cliente'.

Seria uma empresa de feijoada pronta que funcionaria exclusivamente aos fins de semana. Na configuração pensada pelo meu amigo, os clientes deveriam se dirigir à sua empresa para pegar suas encomendas.

Esse relato é baseado em um '*case*' real, passa a ser descrito como um exemplo do que pode dar errado, mesmo quando tudo estava encaminhando-se para ser um sucesso.

Essa empresa era um 'Plano E' para esse meu amigo, que estava se preparando para se aposentar e pensava em desacelerar tocando um negócio prazeroso, fazendo algo pelo qual é apaixonado: cozinhar.

Até aí tudo certo, nosso amigo então começa a definir o seu público-alvo, que era o de 'famílias que não desejam ir a restaurantes aos fins de semana e que também não querem cozinhar', já que a secretária está de folga nesses dias.

Definido o público-alvo, nosso amigo bolou a embalagem e começou a conversar com conhecidos, familiares e vizinhos, divulgando entre aqueles que lhe são mais próximos, procurando captar os eventuais primeiros clientes.

Distribuiu até pequenos ímãs de geladeira com a logomarca da empresa e o telefone para pedidos. O meu ímã eu o tenho até hoje. A marca, o design e as embalagens criadas eram lindíssimas. Pensei que seria um sucesso aquela empresa.

Quando a divulgação começou, na verdade, sem saber, nosso amigo empreendedor estava na fase de **validação do seu produto**. Esse momento é muito importante, porque é aí que você recebe alguns insights e feedbacks que serão cruciais para o futuro do empreendimento. Na verdade, é nessa fase que o empreendedor deve avaliar a necessidade de realizar ajustes no modelo de negócio que pretende iniciar.

Foi aí que os 'problemas' (que na verdade deveriam ter sido visualizados como soluções) começaram a aparecer. Já que o público-alvo estava definido, esses potenciais clientes fizeram alguns questionamentos, que vou procurar transcrever abaixo o mais fidedignamente possível:

- PERGUNTA 1: Você faz entrega em domicílio? Resposta: Não. Réplica: Como assim? Se você está montando um delivery de comida, como não entrega? Tréplica: Na defensiva, nosso amigo alegou que não queria ter essa 'responsabilidade' e custo de transporte.

- PERGUNTA 2: Você vai vender o refrigerante também? Resposta: Não. Réplica: Como assim? Se você vende a comida, porque não também o refrigerante? Tréplica: Novamente nosso amigo alegou que não tinha como arcar com custos de armazenagem e transporte.

- PERGUNTA 3: Você vai vender os pratinhos, talheres e copos plásticos? Resposta: Não. Réplica: E você acha que minha família vai querer lavar isso no fim de semana? Tréplica: Novamente nosso amigo alegou que não tinha como arcar com custos de armazenagem e transporte.

Perceberam que nosso amigo não estava focado em resolver o problema de seus clientes (público-alvo)? Ele estava mais interessado – exclusivamente – em 'fazer aquilo que gosta', como uma atividade empreendedora.

Notaram também que todas as perguntas na verdade deveriam ter sido utilizadas como insights (ideias) para alinhar o modelo de negócio com as reais necessidades de seus clientes, e, ainda por cima, alavancar as receitas de sua empresa?

Provavelmente a margem de lucro que nosso amigo viria a obter com esses itens 'extras' seria muito maior do que com a feijoada (item principal) propriamente dita.

Esse tipo de miopia é um dos muitos motivos pelos quais as iniciativas empreendedoras falham. Mas, se tivesse o amigo participado de seminários, cursos e palestras sobre o tema, é óbvio que não teria cometido esses erros básicos. O certo é que lhe faltou suporte em praticamente todos os pilares aqui apontados: Educação, Empreendedorismo e Escalabilidade (índice do potencial de crescimento do seu negócio).

O empreendedor de verdade está atento às medidas que podem favorecer seu negócio, porém baseadas – todas – na solução das 'dores' que seus clientes estão sentindo. Dessa forma, tem que agir na direção das seguintes ações:

- Simplificar os processos de atendimento, venda e entrega;
- Aumentar a velocidade pela qual o cliente é atendido;
- Aceitar todas as modalidades de pagamento, facilitando a vida de quem quer comprar;
- Proporcionar entrega rápida, declarando expressamente o prazo máximo e cumprindo o prometido (de preferência sem cobrar por isso), e;
- Assumir uma postura única ao vender seus produtos.

Essa postura única pode ser uma 'Proposta Única de Venda (P.U.V.)'. Muitas empresas declaram: 'sua satisfação garantida ou seu dinheiro de volta'. Essa declaração é, certamente, uma P.U.V. que derruba a barreira de entrada e gera confiança no cliente. Afinal, só quem acredita muito em seu produto/serviço é capaz de declarar algo do tipo.

3º PILAR DO PLANO 'E' – Escalabilidade.

O 'Plano E' requer o máximo de escalabilidade que o modelo de negócio possa gerar.

Só para relembrar, para os fins deste livro:

> Escalabilidade é a capacidade de um determinado negócio gerar ganho de performance (vendas, principalmente) sem que haja uma demanda por energia equivalente ao aumento de receitas, por exemplo.

A escalabilidade tem como objetivo otimizar a estrutura do negócio, garantindo que o máximo de receita seja gerada a partir do investimento que já foi aportado.

Você pode pensar que a escalabilidade é uma característica que não se aplica a um determinado modelo de negócios, mas felizmente posso afirmar que você deve estar errado quanto a isso. É claro que para alguns negócios o ganho de escala é mais fácil de atingir, ou pode requerer menos investimento do que outros. Mas em geral, é possível se implementar a escalabilidade em qualquer tipo de negócio.

Por exemplo, a atividade profissional de um dentista que atua – exclusivamente – com obturações e limpeza de dentes. Nesse exemplo, como o profissional atua sozinho em seu consultório, com a ajuda de uma auxiliar, o modelo de negócio tem escalabilidade zero. Ou seja, como o dentista tem uma quantidade de horas que pode trabalhar por dia, e tal quantidade é limitada, a capacidade de ganhar escala está limitada aos seus turnos de trabalho. Supondo que ele já trabalha cerca de 8 a 10 horas por dia, não há muito mais o que fazer para ganhar escala, considerando o modelo proposto.

E aí? O que poderia ser feito para gerar escalabilidade para esse consultório? Essa questão eu proponho deixar em aberto para que você reúna alguns amigos e estudem maneiras de elevar a capacidade de faturamento para nosso amigo dentista.

Ideia: Reúna um grupo de colegas de trabalho e monte um grupo de estudos de empreendedorismo baseado nos capítulos deste livro. Todos devem ser estimulados a ler os capítulos e discutirem os temas que mais chamaram atenção e, principalmente, como aplicar as ideias aos seus negócios e às suas atividades profissionais. Em seguida, devem propor ideias de modelos de negócios, discutindo-as entre os componentes do grupo. O grupo deve organizar as apresentações no estilo de um "Shark Tank®"[4], avaliando a viabilidade e propondo ajustes.

As propostas que vocês construírem certamente poderão ajudar alguns profissionais que atuam no ramo e provavelmente servirão de experiência válida para entenderem a dinâmica, aplicando e ajustando tais soluções a outros modelos de negócios.

No capítulo seguinte vamos conversar mais sobre escalabilidade e vamos visitar algumas soluções para tipos de negócios distintos.

[4] Shark Tank®, uma série de game show norte-americana, que mostra empreendedores que vão ao programa apresentar as suas ideias de negócio a potenciais investidores a fim de obter financiamento.

DELEGAÇÃO, Otimização do Tempo e Recursos

Penso que a delegação é uma das principais virtudes que um empreendedor tem que possuir e desenvolver. A concentração ou centralização é o oposto de tal qualidade. Para que um empreendimento alcance um nível de automação, sistematização e, consequentemente, esteja mais próximo da perenização, o criador de um determinado negócio tem que se convencer a delegar de forma eficiente.

Ao delegar, o empreendedor otimiza seu tempo, alocando sua energia na realização de tarefas que dependam exclusivamente de sua atenção. Como o tempo é um recurso limitado e caro, gerenciar sua aplicação é uma das principais medidas a se adotar na direção do funcionamento eficiente da empresa.

Não é uma mera 'recomendação'. A otimização de tempo e recursos via delegação é instrumento mandatório. Imagine que sua hora custe R$ 100,00. Se você executar uma tarefa para a qual um colaborador possa ser treinado e, remunerado por R$ 10,00 a hora, a execute com perfeição, você estará – além de meramente economizando recursos – liberando seu tempo para aquelas tarefas que requerem definitivamente sua atenção, como prospectar um cliente de grande porte para sua organização.

Atente que nesse caso, você abandona a execução de tarefas rotineiras para se dedicar a tarefas que garantam a sobrevivência do negócio nos próximos 20 ou 30 anos.

DISRUPÇÃO, Economia Disruptiva

Na esteira da nova Economia de Compartilhamento surge um novo movimento, classificado por muitos como a 4ª Revolução Industrial.

Certamente podemos apontar para os seguintes fatores como desencadeadores dessa nova 'Economia Disruptiva':

- Drástica redução de custos tecnológicos de processamento e armazenamento;
- Alta aderência da atual sociedade à inovação tecnológica, e;
- Acesso à Internet de alta velocidade (disseminação da web), por dispositivos móveis, principalmente.

Esse termo 'disrupção' é utilizado em função do efeito que tais ingredientes, aliados ao volume de soluções tecnológicas, vem gerando em indústrias tradicionais. Atente que o termo 'indústria' aqui é utilizado para designar um determinado ramo de atividade econômica.

E quais são os 'exemplos práticos' de disrupção que podemos apontar? Bom, vamos apontar o exemplo icônico dessa nova realidade: O Uber.

O Uber é o exemplo paradigma porque reúne várias características bastante visíveis e aderentes da Economia Disruptiva: É uma empresa de tecnologia; faz uso de um App para tocar seu negócio em escala global; e sua ascensão acabou disruptindo o modelo de negócio dos táxis em todo o mundo. Mais que isso, o modelo de negócio afetou não só a 'indústria' dos táxis, como foi o gatilho para a disrupção que irá aposentar o modelo da 'indústria' automobilística na forma como temos hoje. Ou seja, a nova geração, em vez de 'possuir' um carro, preferirá 'compartilhar' um objeto que a transportará do ponto 'a' para o ponto 'b'. Mais racional, mais barato, mais óbvio!

Esse novo paradigma irá orientar muitas outras 'indústrias' daqui para frente. Percebeu que o modelo de coworking é compatível com essa nova realidade? Um espaço inspirador de trabalho que reúne profissionais autônomos em um mesmo ambiente, compartilhando custos.

Há inúmeros outros exemplos de empresas e inciativas baseadas na nova Economia do Compartilhamento, que estão desconstruindo modelos tradicionais de indústrias, como o Airbnb, por exemplo, um serviço online comunitário, um site que possibilita a comunicação entre viajantes do mundo inteiro e donos de imóveis, para anunciarem, descobrirem e reservarem acomodações e meios de hospedagem. Mais adiante vamos falar, mais detidamente, sobre um outro modelo que ameaça o modelo tradicional dos bancos, as Fintechs.

08

De desempregados a dorminhocos milionários

Empreendendo a partir de uma situação desfavorável

"Não é o trabalho, mas o saber trabalhar, que é o segredo do êxito no trabalho. Saber trabalhar quer dizer: não fazer um esforço inútil, persistir no esforço até o fim, e saber reconstruir uma orientação quando se verificou que ela era, ou se tornou, errada."

Fernando Pessoa

Este capítulo é importante porque vou provar como os modelos de geração de renda passiva são acessíveis a todas as pessoas, independente de condição social, financeira e cultural, dentre outras.

E o que vou fazer aqui é detalhar - de forma mais minuciosa - uma narrativa de como se atinge o estágio de renda passiva, desde seu início, a partir de uma condição completamente desfavorável.

Essa dinâmica servirá para reforçar em sua mente a perspectiva de que é possível sim, gerar renda passiva escalável, mesmo que o profissional se encontre numa situação completamente desfavorável e sem recursos.

Inicialmente - contudo - é necessário esclarecer pontos importantes:

1. Construir e desenvolver um modelo que gere renda passiva não é algo feio. Não é pecado. Não é contra nenhuma lei que se tenha conhecimento. Como dissemos lá atrás, o próprio texto bíblico exorta as qualidades de quem alcança tal condição. Trata-se, portanto, de uma valoração de nossa capacidade divina de trabalhar em prol da geração da abundância para nossa coletividade;

2. Trabalhar no sentido de gerar renda passiva não significa explorar o próximo. Pelo contrário! Trata-se de construir oportunidades de obtenção de riqueza para pessoas, empresas, comunidades e países;

3. Gerar renda passiva escalável é possível para pessoas de qualquer nível de conhecimento, renda e classe social. Há modelos para todos os gostos, expertises profissionais e disposição para o trabalho, e;

4. A partir deste ponto vamos privilegiar a descrição de modelos de geração de renda passiva para pessoas que possuem pouco ou nenhum capital. Isso porque ao fazermos isso, estaremos disseminando um conjunto de diretrizes que se aplicam a vários outros modelos, inclusive aos que possuem capital em abundância.

Dito isso, vamos aqui começar a descrever – por meio de uma história verossímil, a construção de um desses modelos que serão – espero – ao longo dos anos em que o presente livro estiver sendo distribuído, objeto permanente de revisão e atualização. Para isso, pretendo contar com sua colaboração – online – pelo site anunciado nos contatos ao final do livro.

PROVANDO A EXEQUIBILIDADE DA IDEIA...

Mesmo após eu afirmar que há modelos para todos os tipos de classes sociais e condições financeiras, você pode estar incrédulo. Por isso, vamos começar com um exemplo bastante simples e exequível de geração de renda passiva. Neste exemplo, vamos visitar a história de **dois amigos desempregados** e com quase nenhum recurso para empreender. Vamos chamá-los de "João Mecânico" e "José Vendedor".

O nosso "João Mecânico" tem 50 anos. Trabalhou durante muito tempo em grandes marcenarias e mecânicas industriais. Atuou profissionalmente na montagem de máquinas as mais diversas. Possui bastante habilidade com máquinas e ferramentas. Trabalhou com madeira, metais e outros materiais, como o vidro, por exemplo.

Já o nosso "José Vendedor" está com 45 anos. Possui zero de habilidades manuais. Mas é uma pessoa que se comunica bem, está sempre sorrindo e cantarolando. Trabalhou durante muitos anos vendendo de tudo para várias empresas. Desde sapatos a coleções de livros infantis. É exímio comunicador e, embora – atualmente – em dificuldades financeiras, está sempre de alto astral.

São vizinhos.

Ambos recém desempregados, com famílias para sustentar e com alguns quilômetros já rodados entregando currículos sem sucesso.

Os dois conversavam muito sobre o que fazer para sair daquela enrascada. Infelizmente, quando se está em uma situação desesperadora, há uma certa confusão mental que desestabiliza as ideias.

Em várias ocasiões perceberam nitidamente que a idade "avançada" – na casa dos 45 a 50 anos – se mostrou uma barreira à contratação por empresas com as quais haviam participado de processos de seleção para empregos.

Certo dia, ao voltarem de mais uma jornada em busca de emprego, encontraram-se na parada do ônibus e seguiram caminhando até suas casas, desiludidos, tristes e desamparados. Foi quando avistaram um carrinho de pipoca (ou pelo menos o que restara disso) que havia sido jogado há pouco numa pilha de entulho. Imediatamente viram naquele objeto uma oportunidade para ganharem algum dinheiro.

Pensaram em recuperar o carrinho pipoqueira e passar a vender pipoca o mais rápido possível. Aquela não era bem a ideia de remuneração que os dois tinham em mente até agora. Mas – pensaram – até arrumarem um emprego que dê 'segurança', iriam se virando com aquilo mesmo. Imediatamente recolheram o que restou da pipoqueira e a levaram para casa.

Como o "João Mecânico" tinha muita habilidade com ferramentas, ficaria responsável pela recuperação estrutural, pintura, limpeza e devolveria o carrinho de pipoca à ativa novamente.

Já o "José Vendedor" tratou de comprar 'fiado' para pagar no dia seguinte o óleo, manteiga, sal e o milho de pipoca. O plano era poder ganhar dinheiro o mais rápido possível. E com suas reconhecidas habilidades comerciais, pretendiam lucrar algo a partir do primeiro dia.

E o primeiro dia foi um sucesso! Com a facilidade de comunicação e vendas que "José Vendedor" tinha, foi fácil vender tudo nas proximidades de um terminal de ônibus próximo da casa deles. No primeiro dia conseguiram pagar a conta do mercadinho e ainda garantiram um trocado para as duas famílias, já que o combinado da parceria era esse.

Nesse primeiro dia o grande acontecimento não foi simplesmente o fato de terem garantido um rendimento – por mínimo que fosse. Foi a sensação prazerosa que invadiu os dois ao sentirem-se úteis novamente. Foi ter visto no brilho dos olhos de suas esposas e filhos uma luz que significava que poderiam acreditar neles como provedores de suas famílias.

Novamente – para as duas famílias – o trecho bíblico de uma carta do apóstolo Paulo aos que residiam em Efésios[5] voltava a fazer sentido. Neste trecho a passagem ensina:

"Assim também os maridos devem amar a mulher como o próprio corpo... antes a alimenta e dela cuida..."

Nota para o leitor: É claro que a referência à figura masculina como a do único provedor atualmente cabe perfeitamente também à mulher. Afinal de contas, milhões de famílias em todo o mundo têm como provedores a mulher, de forma única ou compartilhada. O próprio conceito de família evoluiu e abrange atualmente – em muitos países – um conceito muito mais amplo. Então a referência ao texto bíblico serve para reforçar a ideia de que a família necessita de um ou mais provedores.

Para as duas famílias que até aquele dia acordavam e iam dormir com um misto de sentimentos que envolvia angústia, medo e humilhação, um novo horizonte se apresentava – finalmente. Mesmo que de forma bastante tímida, é verdade. Mas ali estava algo em que podiam acreditar. Era naquela tímida iniciativa de trabalho e empreendedorismo que apoiavam – as duas famílias – as novas esperanças de renascimento.

Sem dúvida, o trabalho dignifica e enobrece o Homem. É esse o ensinamento que observamos na carta de apóstolo Paulo aos da cidade de Tessalônica:

"Esforcem-se para ter uma vida tranquila, cuidar dos seus próprios negócios e trabalhar... como nós os instruímos; a fim de que andem decentemente aos olhos dos que são de fora e não dependam de ninguém".[6]

A possibilidade de voltar a ganhar o pão de cada dia renovou a todos. Mas aí você deve estar se perguntado: bom, mas isso é modelo de renda ativa! E onde está a tal da renda passiva? Calma! Vamos chegar lá... Fique atento!

O fato é que as vendas seguiram crescendo dia após dia. Cerca de três meses após estrearem no ramo da alimentação rápida, fast food, que na verdade era uma pipoqueira, o antigo carrinho havia se transformado em três. Nesse ponto, estavam já contratando vendedores para darem conta da demanda.

Como estratégia de alavancagem de vendas, decidiram dobrar o número de vendedores, criando um turno da noite para outros pontos

[5] Carta aos Efésios 5.28-30.

[6] Tessalonicenses 4:11-12

que estavam mais movimentados naquele horário. A decisão acabou por dobrar de três para seis o número de pipoqueiros contratados pela dupla empreendedora.

Observe... A partir daí já entrava em prática o conceito da escalabilidade. Transformaram três carrinhos em seis, a partir da simples decisão de passarem a trabalhar nos turnos do dia e da noite. Ou seja, o recurso físico (carrinho) era o mesmo, mas pelo fato de dobrarem os turnos, aumentaram em 100% seu faturamento.

Essa simples sacada está ao alcance de qualquer pessoa. Pare um pouco e pense em quantos pipoqueiros existem no país hoje que poderiam – de imediato – colocar em prática essa iniciativa?!

É fato que a escalabilidade aqui descrita é limitada. Ou seja, para continuarem expandindo seria necessário o esforço (investimento) na construção de novos carrinhos, tendo em vista que os três carrinhos existentes já estavam com sua capacidade operacional no limite. E esse nível de operação – por si só – já exigiu a construção de um quarto carrinho de reserva (backup) para suprir aqueles que eventualmente tivessem que passar por uma manutenção, como repintura, solda, troca de vidro, rodas, etc.

Foi aí que veio a sacada da transformação para uma nova modelagem, baseada na geração de renda passiva escalável.

Os dois sócios decidiram que não mais administrariam um negócio de venda de pipoca. Passariam a gerir uma empresa de locação de carrinhos de pipoca a futuros empreendedores.

Qual a diferença? Em vez de contratar vendedores e terem que se preocupar em controlar estoques, fiscalizar vendas e serem responsáveis pela manutenção dos carrinhos, passariam simplesmente a alugar tais equipamentos por um valor fixo devido diariamente pelos seus respectivos locatários.

Uma decisão que aparentemente é simples. Mas que gera uma capacidade enorme de alavancagem devido ao novo modelo operacional. A decisão passava a maior parte do trabalho braçal para seus novos 'franqueados'. Os dois sócios ficariam responsáveis por bolar estratégias de expansão.

Como eles já haviam operado na ponta, sabiam qual era o rendimento médio que cada carrinho gerava, dependendo do local, dia da semana e se estava fazendo sol ou chuva. Essa expertise permitiu conceber um modelo de remuneração justo e rentável para ambas as partes. Ou seja, tanto eles (os proprietários dos carrinhos) lucravam, quanto os pipoqueiros teriam um modelo de pagamento do aluguel que permitia operar a partir de sua disposição para o trabalho.

Ambos os sócios – agora 'franqueadores' – conheciam também muitos colegas que estavam desempregados. Nesse ambiente foi fácil prospectar e encontrar os novos "franqueados" para seu novo empreendimento.

Essa foi mais uma sacada de gênio! Ao decidirem gerar escalabilidade do modelo, realizaram um movimento de ajuste no negócio (pivotaram) para que fosse possível fazer mais com menos esforço.

Ou seja, a partir de agora, o nível de crescimento da frota de carrinhos e consequentemente das vendas seria maior do que o nível de esforço exigido para alcançá-lo. Esse é o paradigma da escalabilidade. Vou deixar aqui em destaque para que você possa ler novamente e refletir sobre o tema:

> Escalabilidade: Capacidade que um determinado sistema tem para suportar – continuamente – um crescimento de demanda sem comprometer seu funcionamento.

Ou seja, ao dotar o 'sistema' que haviam criado de uma característica que permitia a escalabilidade, nossos dois empreendedores passavam a operar em um novo modo. O modo escalável permitiria – a partir dali – ganho de volume de unidades geradoras de renda (carrinhos de pipoca) em um volume muito superior ao que o modelo anterior permitia.

E pense na capacidade de geração de riqueza – para a comunidade – que os dois novos empreendedores passariam a gerar. Todos os seus colegas que estavam desempregados poderiam agora ter a chance de trabalhar e trazer sustento digno para as suas famílias.

A construção dos novos carrinhos estava otimizada a partir de toda a experiência que eles já haviam adquirido na construção de suas primeiras unidades. Eles haviam feito parcerias com empresas de marcenaria e de metais para aproveitar restos de suas produções na fabricação dos carrinhos. Essa fonte de material a custo quase zero permitiria a expansão da 'frota' ao custo basicamente de material.

Eles decidiram também criar uma padronagem diferenciada para os novos carrinhos de pipoca. Contrataram um designer da comunidade para criar uma logomarca bastante chamativa para a nova empresa que surgia a cada nova sacada empreendedora.

Os colegas que decidissem aderir ao modelo e se tornassem pipoqueiros, deveriam também vestir uma bata personalizada, com estampas identificando (e diferenciando) a empresa no ramo, para todos os seus clientes.

Essas decisões foram importantíssimas para a percepção de um produto e serviço diferenciado pela clientela. Os clientes passaram a identificar visualmente aqueles carrinhos e seus pipoqueiros como algo que era mais limpo e organizado, e consequentemente deveria ser mais saudável.

Ao se aproximarem dos carrinhos, os clientes percebiam que as panelas eram novas e limpas. Observavam que os reservatórios de sal e manteiga eram muito bem higienizados. Como os pipoqueiros usavam luvas para manusear a pipoca, a impressão de limpeza era reforçada.

A partir daí os preços daquelas pipocas também foram ajustados um pouco acima da média de mercado. Contudo, os saquinhos cresceram e ofereciam muito mais pipoca que os dos concorrentes. Ou seja, os clientes assimilavam, além de limpeza e organização, mais valor também na qualidade e quantidade do produto.

Com o tempo passaram a oferecer pipocas com menos sal e produzidas em óleo de coco. A ideia foi das esposas dos sócios, que perceberam que uma parcela dos clientes preferiria comer pipocas mais saudáveis.

Perceba como decisões simples (eu prefiro chamar de sacadas empreendedoras) levaram a pequena empresa a um nível muito além de que uma simples pipoqueira poderia alcançar. Perceba também que todo esse conjunto de medidas aproxima o empreendimento a um modelo de gestão de negócios mundialmente testado e aprovado: O modelo de Franquia.

Sim! O sistema que bolaram passava a assimilar todas as principais características de uma Franquia. Eles criaram uma marca própria que era aplicada em adesivo em todos os carrinhos. Vendiam batas personalizadas para todos os seus franqueados. Essa identidade visual gerava ganho de venda em escala. Os franqueados que eventualmente iam trabalhar sem a bata percebiam que – naquele dia – as vendas eram inferiores aos dias nos quais estavam bem vestidos, com barba feita e cabelo cortado.

A empresa passaria a realizar checagens de surpresa em pontos de venda para certificar-se de que todas as 'normas' de qualidade (limpeza, fardamento, etc.) estavam sendo seguidas pelos pipoqueiros. Nos casos em que eram verificadas desconformidades, o pipoqueiro era advertido. Na segunda advertência, o carrinho era recolhido e caso o profissional quisesse voltar a operar, teria que passar pelo treinamento de reciclagem.

Perceba como a criação de uma padronagem visualmente limpa e organizada gera – na clientela – a nítida impressão de valor! Trata-se do detalhe que gera um fortíssimo diferencial competitivo.

Nesse ponto da história da empresa, as duas principais áreas da nova franqueadora estavam divididas conforme as expertises profissionais de ambos os sócios.

Como o "João Mecânico" tinha experiência com equipamentos, ficou responsável pela concepção e desenvolvimento dos novos carrinhos, que iam incorporando – aos poucos – novos compartimentos para acomodar balas, pãezinhos e até chocolates. Os carrinhos de pipoca passaram também a ser mais leves com a utilização de novos materiais construtivos. Os novos modelos possuíam design exclusivo que os distinguiam dos demais carrinhos tradicionais. Todo esse desenvolvimento tocado por um dos sócios gerava ganho de performance permanente à empresa.

Essa característica diferenciadora ficou tão evidente que até mesmo alguns antigos pipoqueiros da cidade – que antes operavam seus próprios carrinhos de modelos tradicionais – aderiram à nova franquia, abandonando o antigo carrinho, por conta da alavancagem em vendas.

Além disso, esses antigos pipoqueiros receberam treinamento em vendas, gestão financeira e perceberam que poderiam, nessa nova modelagem operacional, sublocar o carrinho para outros parceiros, principalmente nos dias e horários em que estavam de folga, com a família. Perceba que a alavancagem passou a beneficiar até mesmo a rede de 'franqueados' que – em certa medida – implementavam a ideia de ganho de escala conforme sua capacidade operacional.

O "José Vendedor" era o responsável por tocar a área de vendas. Com todo o seu carisma e tino comercial, bolava estratégias de vendas em eventos, descobria novos pontos para novos franqueados 'ancorarem' seus carrinhos e estava sempre atento aos novos produtos que poderiam vir a ser comercializados em cada ponto, dependendo do público-alvo. Vivia testando o mercado, introduzindo novos sabores de pipoca e medindo os resultados alcançados.

"José Vendedor" era também responsável pela verificação da conformidade por parte de todos os franqueados. Essa atenção gerava um forte senso de responsabilidade interno. Todos sabiam que o padrão de qualidade era uma das razões de ser do empreendimento. As áreas de Gestão e Finanças eram sempre tocadas por ambos. Eles reservavam pelo menos duas horas por dia para se reunirem, conversarem sobre a empresa e sobre custos e receitas, definindo quanto do faturamento reservariam em poupança e como aplicariam o resultado líquido de cada mês.

Nesse ponto a empresa estava devidamente formalizada e recolhia os tributos no modelo de simplificação tributária aplicável ao porte e atividade desempenhada. Os sócios perceberam que ao formalizarem seu negócio poderiam garantir o recolhimento previdenciário que lhes permitiria aposentarem-se. Não só isso. A formalização também era uma exigência para que pudessem ser contratados por empresas, condomínios e demais entidades, como escolas, faculdades e outras, que exigiam nota fiscal pela prestação de serviços e fornecimento de alimentação.

Tiveram o cuidado de contratarem uma profissional de Contabilidade para lhes passarem todas as informações, além de cuidar do cálculo e recolhimento dos tributos devidos, conforme o negócio ia se desenvolvendo.

Ambos os sócios tinham uma noção bastante avançada de cidadania. Sabiam que - como todos - tinham obrigação de contribuir para o desenvolvimento de uma sociedade mais justa. E faziam questão de cumprir rigorosamente com sua parte.

Os pipoqueiros eram também orientados a se formalizarem como microempreendedores. Essa orientação constava de uma série de palestras que a empresa promovia sistematicamente pelo menos uma vez por mês.

A pequena empresa crescia continuamente. Até porque os sócios permaneciam atentos - sempre - a novas formas de gerarem ganhos de performance e escala para a empresa e, consequentemente, para sua rede de franqueados.

Perceba como o modelo de geração de renda passiva se instala de forma gradativa nesse 'case' que ora estudamos. Se inicialmente os sócios tinham que produzir a pipoca e vender em um ponto fixo, agora estavam gerenciando uma pequena rede de franqueados que crescia numa velocidade maior que o esforço necessário para tal evolução.

Os conceitos de Alavancagem e Escalabilidade estavam já em plena operação e evolução.

Se um novo candidato se apresentava para operar uma 'nova unidade franqueada' (um novo carrinho de lanches), eles não faziam simplesmente entregar um novo carrinho. O processo envolvia o treinamento completo do candidato, que receberia todo o material necessário em consignação (para pagamento em parcelas futuras). O novo profissional era acompanhado e seu desenvolvimento era monitorado. Todas as suas dúvidas eram sanadas pela empresa, que também estava atenta aos seus feedbacks.

Neste ponto teremos que fazer uma pausa para reforçar essa atitude que os nossos amigos empreendedores sempre cultivaram: **Dar atenção a todos os *feedbacks* recebidos**.

Sempre que um franqueado chegava com um problema ou ideia, eles ouviam atentamente e procuravam – na solução – implementar uma nova sacada que gerava ainda mais ganho para a empresa e seus franqueados.

Foi assim que nasceu a ideia de oferecerem – além de pipocas – outros itens como balas, bombons e até pastéis. Se tivessem simplesmente dado de ombros a todas as 'reclamações' que recebiam, teriam desperdiçado inúmeras oportunidades de alavancar suas receitas.

> Hoje percebo com desapontamento como milhares de empresários desperdiçam as 'dicas' que os clientes lhe fornecem – até em forma de reclamação – e seguem desperdiçando oportunidades de alavancar suas operações.

A partir dessas sacadas, os sócios passaram então a desenvolver várias outras estratégias para proporcionar à empresa e aos seus franqueados uma condição – cada vez melhor – de rentabilidade. Esse foi um dos segredos de sua constante evolução. Dentre as soluções desenvolvidas estavam:

- **Cartão fidelidade**: Cada cliente permanente ganhava um cartão no qual eram anotadas as compras realizadas. A partir da 10ª compra, o cliente ganhava um saco de pipoca gratuito;
- **Bonecos de brinde**: Alguns carrinhos ofereciam bonequinhos de plástico para as crianças que compravam o saco grande de pipocas;
- **Treinamento contínuo**: Cada franqueado participava de um conjunto de palestras práticas. O José gostava muito de fazer simulações de situações de vendas. Nesses treinamentos os pipoqueiros franqueados aprendiam técnicas de venda, argumentação

e negociação. Os mais interessados aplicavam os ensinamentos e experimentavam aumento em seus ganhos. Essas experiências eram reportadas como 'testemunhais' e a importância daqueles encontros se fortalecia;

- **Parcerias com empresas e festas**: Algumas empresas e pessoas físicas passaram a contratar a empresa para disponibilizar carrinhos de pipoca para eventos comemorativos. Aí a empresa passou oferecer também (para tais eventos) carrinhos com novos produtos, como água de coco, tapioca, sorvete, etc.;
- **PipocaZap**: Em alguns dos carrinhos colavam adesivos com os números de WhatsApp pelo qual os clientes poderiam fazer pedidos. Essa estratégia era especialmente eficaz nas proximidades de prédios comerciais em que trabalhavam milhares de profissionais que sempre pediam pipocas para o lanche. Nesses pontos trabalhava – sempre – além do pipoqueiro, um entregador para o delivery.

Na esteira dessa permanente evolução, outros modelos de carrinhos tiveram então que ser desenvolvidos para a venda de produtos diferentes como espetinhos de churrasco e água de coco, por exemplo.

A partir de um determinado nível de evolução, os sócios perceberam que poderiam avançar e começar a delegar algumas de suas atribuições a terceiros.

Decidiram que os filhos de cada um somente seriam aproveitados em algumas das funções da empresa se tivessem tido a disposição de percorrerem as várias áreas da empresa, desde o 'chão de fábrica' até outras posições administrativas.

É certo que nem todos – por mais admiração que tivessem pelo negócio da família – decidiram seguir na atividade. Nas duas famílias – na verdade – apenas um dos filhos se dedicou e se disponibilizou a trabalhar na empresa. Desde o começo da jornada, trabalhou como menor aprendiz nos horários que tinha livre da escola, conforme a lei permitia. Seguiu alcançando novos degraus até que estava pronto para gerenciar algumas das principais áreas do negócio.

Os demais filhos continuaram desenvolvendo seus estudos e iniciaram carreiras próprias, em outras empresas e atividades. Essa foi uma sábia atitude que tomaram. Se tivessem 'achado' que a empresa deveria 'sustentar' todos os filhos em 'cargos de chefia', simplesmente por serem filhos dos donos, fatalmente o negócio teria ido para o brejo. Infelizmente é isso que acontece em milhares de empresas familiares mundo afora.

Além de oferecerem aos familiares (que desejassem e trabalhassem para tal) algumas oportunidades na própria empresa, os dois sócios, em determinado momento, perceberam que deveriam identificar – dentre seus colaboradores – futuros 'gerentes'. O momento agora era o de iniciar a delegação de tarefas que poderiam ser desenvolvidas por outros que não os próprios sócios.

Observe que – a partir desse ponto – a empresa estava iniciando uma nova fase em seu desenvolvimento, que é a **profissionalização**. A adoção de medidas que visassem dotar a empresa de mais profissionalização permitiria aos sócios alcançar um nível ainda maior de **Alavancagem**.

> O conceito de alavancagem – neste contexto que estamos abordando – pode ser entendido como algo tendente à melhoria, aprimoramento. Aumentar a capacidade de operação, sem que o aumento de gasto de energia se dê na mesma proporção.

Isso mesmo! Ao delegarem algumas de suas antigas tarefas a gerentes treinados, ambos os sócios estavam mirando em um ganho de **Alavancagem**.

Dessa forma passariam a salvar mais tempo em suas rotinas diárias. E, ao ganharem mais tempo, poderiam então usar esse novo tempo de diversas formas. Desde ficar com a mente livre para criar estratégias de negócios a dispor de tempo para estudar, praticar esportes, dar atenção à família, etc.

Esse novo nível de evolução somente seria possível tendo em vista todas as decisões que os sócios tomaram desde a sua estreia como empreendedores. Vamos rever algumas das principais decisões tomadas:

1. Logo após o início da operação, pensaram imediatamente em como multiplicar a presença da empresa no maior número de espaços possíveis;
2. Perceberam, desde cedo, que o modelo de renda ativa limitaria o crescimento exponencial da empresa, tendo em vista que exigiria esforço compatível com a escala de evolução demandada. Por isso, moveram-se sempre na direção de escalar e alavancar a atividade, na direção de um modelo de renda passiva e escalável;

3. Adotaram medidas simples, mas extremamente eficazes, no sentido de diferenciarem-se no seu mercado de atuação. Identidade visual, tamanho e padrão de embalagens foram decisivos. A partir da diferenciação, puderam elevar o preço dos produtos vendidos, pois a clientela estava disposta a pagar mais pela qualidade do que vendiam. Ao diferenciarem-se, transformaram a concorrência em um fator de menor proporção no mercado em que atuavam;
4. Tiveram desde cedo a nítida noção de que poderiam empoderar sua comunidade a partir de sua atividade empreendedora. Ao ajustarem o modelo do negócio para o de franquia, proporcionaram ganho de escala ao mesmo tempo em que abriram inúmeras oportunidades de trabalho dentro da comunidade em que estavam inseridos.

É importante salientar como o ato de empreender gera ganhos em toda a sua margem. Ou seja, a partir do momento em que se viabiliza a atividade, os profissionais que antes estavam desempregados passaram a ser remunerados pelo seu trabalho. Com isso, todos ganham! Pense no mercadinho que havia deixado de vender e agora tem novos clientes ativos. Pense na oficina de bicicletas que passa a ser procurada não só para reparos, mas também para movimentar compras e vendas de novas bikes!

Essa é a beleza que a atitude empreendedora traz consigo! E esse foi o principal motivo que me trouxe a escrever este livro. Eu penso que minha mensagem pode inspirar pessoas ao redor do mundo a empreenderem e – pela atividade empreendedora, transformarem suas vidas e as vidas de seus familiares – para melhor.

Bom, agora, para encerrar este capítulo, vou contar como acabou a história de nossos amigos empreendedores "João Mecânico" e "José Vendedor".

Ao atingirem um determinado nível de evolução em seu negócio, passaram a operar lojas em pequenos centros comerciais, especialmente aqueles localizados em terminais de ônibus e metrôs, todos sob o sistema de franquia.

Nesse ponto, ambos os sócios estavam apenas coordenando as operações, pois já tinham montado equipes que acompanhavam as diversas atividades da rede de franquias na área de alimentação.

De fato, haviam alcançado – há alguns anos – a situação em que podemos afirmar que estavam **enriquecendo dormindo**. Isso porque ao acordarem todos os dias, estavam com mais dinheiro de que quando haviam adormecido na noite anterior.

Com o passar do tempo, a pequena operação de um carrinho de pipoca havia se modificado incrivelmente. Agora era uma pequena, mas sólida, rede de lanchonetes fast food com um faturamento em plena evolução, ano após ano.

E foi nesse ambiente que os sócios foram procurados por um grupo empresarial bem maior, interessado em adquirir toda a operação que eles haviam conseguido montar até então.

Depois de alguns meses de negociação, os dois sócios decidiram vender a empresa, pelo qual embolsaram uma quantia até hoje não revelada por ambos, mas que permitirá que passem os dias que ainda têm de vida em férias, permanentemente.

Ficaram milionários, na mais completa acepção da palavra. E embora pudessem se aposentar – definitivamente – de qualquer tipo de atividade empresarial, decidiram aplicar parte do que receberam com a venda de 'seu carrinho de pipoca' em uma nova empresa, que tem como objetivo apoiar e fomentar novos negócios na comunidade em que residiam quando tudo começou.

Até hoje a nova iniciativa já ajudou inúmeros jovens e idosos a terem uma vida melhor, por meio de ações de empoderamento, disseminando a ideia de que pelo trabalho o homem tem sua honra resgatada.

A nova 'sacada empreendedora' de nossos amigos passou a atuar também com ações de apoio a instituições que ajudam crianças, famílias e idosos carentes, em situação de vulnerabilidade.

Algumas dessas ações miram na geração de iniciativas e sustentabilidade de famílias que, após receberem o treinamento e orientação legal necessária, recebem microcrédito para iniciar seus próprios negócios. Trata-se de ação que resgata a honra e a dignidade humana.

Dessa forma seguem os nossos dois "pipoqueiros", empreendendo e gerando riqueza por onde passam, ajudando cada vez mais pessoas a alcançarem o seu verdadeiro potencial como pessoas e como profissionais. Pessoas que seguem, sendo dignas de serem seguidas.

SACADA TEM NOME

ESCALABILIDADE

Atente para esse termo e para o que ele pode representar para seu negócio. Em linhas gerais, a escalabilidade tem tudo a ver com a viabilidade ou não de seu negócio lhe permitir ganhar dinheiro dormindo. Por isso, leia esse tópico com bastante atenção e em seguida, pesquise sobre como transformar seu negócio em um negócio com alta escalabilidade.

Se você pesquisar sobre o termo 'escalabilidade' perceberá que o conceito está vinculado à tecnologia e que se refere à capacidade que um determinado sistema tem para suportar – continuamente – um crescimento de demanda sem comprometer seu funcionamento.

Vamos então explicar isso utilizando mais uma vez o exemplo bastante prático e bem próximo de nossa realidade. Provavelmente você já foi a um dentista fazer uma limpeza ou obturar um dente, certo? Ok! Vamos utilizar o exemplo de um dentista que tem como única atividade profissional o seu consultório, onde ele faz exclusivamente limpeza e obturações de dentes. Em termos de escalabilidade, você já percebeu que esse 'sistema' é praticamente Zero. Ou seja, por mais eficiente que seja esse dentista, a capacidade de suportar uma demanda superior ao seu tempo disponível é inelástica.

Esse é o ponto que eu preciso que você entenda de imediato. Ao planejar uma outra atividade além da atual (Plano E) ou definir sua profissão, você deve fazê-lo orientado ao conceito da viabilidade de que seja possível gerar Renda Passiva Escalável.

FEEDBACK E PIVOTAGEM

O Feedback tem como tradução livre o ato de dar retorno para determinadas situações. Ou seja, se algo está bom, ruim ou precisa de pequenos ajustes, essa informação deve 'retroalimentar' o sistema com o objetivo de orientar os passos seguintes.

Por incrível que pareça, milhares de empreendedores não dão ouvidos ao feedback que seus clientes, fornecedores e até colaboradores estão lhe dando diariamente. Se você é um profissional ou empreendedor, peça feedbacks! Mais que isso: esteja disponível para ouvir atentamente o que esses atores têm a dizer.

É uma consultoria gratuita, na maioria das vezes! E mais, pode dar a dica que você precisa para fazer um movimento de pivotagem necessário ao seu negócio. Ôpa! Espera aí! 'Pivotagem'? O que é isso?

Vamos lá... Se você joga ou já jogou basquete, sabe que o 'Pivô' é aquele jogador que fica mais próximo à cesta, equivalendo ao atacante no futebol.

No contexto de empreendedorismo, pivotar é a atitude de realinhar ou redirecionar o objeto da empresa, visando atingir um nicho de mercado ou atuar em uma atividade próxima ou não. Exemplos de pivotagem? Vamos lá!

A BMW nasceu para fabricar aeronaves; A IBM vendia balanças comerciais e a Peugeot começou com produtos alimentícios. Em seguida, dedicou-se a artigos de vestuário, guarda-chuvas e bicicletas. Em 1889 fabricou o primeiro automóvel.

Certo, mas você deve estar se perguntando como ocorre – na prática – esse movimento de pivotagem. Para que isso aconteça, o empreendedor deve estar atento ao mercado, sua cultura, costumes e identificar – por meio muitas vezes dos feedbacks que recebe – as oportunidades para executar esse movimento de redirecionamento (pivotagem) que seu negócio deve fazer.

Vamos ao exemplo da Avon. No início, a Avon vendia livros no sistema porta a porta. O seu criador decidiu então dar brindes (perfumes) aos clientes que compravam livros. Mas percebeu que muitos clientes pediam para comprar os perfumes, demonstrando pouco ou nenhum interesse pelos livros que a empresa pretendia vender. Esse foi o feedback que orientou o movimento de pivotagem e transformou a Avon no gigante da área de perfumes em todo o mundo.

09

O que os ricos fazem para enriquecer

14 atitudes enriquecedoras que devem ser seguidas

> "Seja o exemplo de tuas palavras e haverá um momento em que não precisarás dizer nada sobre coisa alguma. Tuas atitudes falarão por ti!"
>
> Augusto Branco

Estou escrevendo este capítulo enquanto espero por meu próximo voo para participar de um evento no sul do país. Estou bastante cansado, já que cumpri desde cedo uma rotina de reuniões e ainda terei que enfrentar algumas horas de voo, mais um bom trecho de estrada até o destino traçado.

Terei que concluir este capítulo dentro da aeronave, quando estiver retornando do evento, já que impus a mim mesmo o compromisso de publicar um capítulo por semana. E o prazo está se esgotando.

Se eu furar o prazo, não terei que pagar multa ou prestar qualquer tipo de esclarecimento a um superior. Ocorre que eu declarei a mim e a meus amigos que faria isso. Se eu não cumprir, estarei manchando minha reputação comigo mesmo e junto à minha rede de relacionamentos.

Como você já deve ter percebido desde a leitura do capítulo anterior – a jornada necessária para alcançar um objetivo certamente irá exigir – no início – uma boa dose de esforço, de todo tipo.

Então, mesmo eu tendo prometido que neste capítulo trataria de listar os modelos de atividades geradoras de renda passiva escalável, tenho que fazer uma pausa para dar ênfase às razões pelas quais a maioria das pessoas simplesmente não enriquece.

Você já deve ter percebido que não é simplesmente deitar, pegar no sono e acordar rico, não é mesmo? E é exatamente sobre isso que temos que conversar neste capítulo.

Ao estudar uma série de biografias de empreendedores de sucesso, em diversas áreas, notei que há um conjunto de características que é comum a todos. Então decidi listar algumas das principais virtudes que considero serem indispensáveis a alguns dos empreendedores que mais admiro em suas respectivas áreas.

Vou procurar sustentar meus argumentos ilustrando – sempre que possível – com exemplos de trechos de histórias de vidas de alguns dos empreendedores que considero geniais e que, a seu modo, mudaram o mundo a partir de suas ações.

Considere então a lista a seguir mais ou menos como um mapa da mina. E perceba que são ações simples, mas que devem ser executadas com uma disciplina rigorosa, caso deseje alcançar a meta traçada.

Tenha absoluta certeza de que a atitude mental e a maioria das ações desses empreendedores são comuns a todos eles. Por conta disso, a eventual citação de um ou outro, servirá mais para reforçar o argumento do que para indicar uma característica específica do empreendedor citado.

A lista das principais qualidades é a seguinte:

1 DEFINEM O PONTO DE CHEGADA

Todos os empreendedores bem-sucedidos possuem uma meta muito bem definida. Essa é a principal condição para que a energia em trabalho, estudo, contatos, reuniões, etc., seja aplicada para a consecução dessa meta. Se você não tem em mente uma imagem muito bem definida de para onde quer ir, dispersará muita energia indo a lugar nenhum. O seu ponto de chegada não precisa ser fixo. É óbvio que com a evolução de seus negócios e de sua capacidade mental empreendedora, você ajuste – ao longo do tempo – sua rota para um outro porto de chegada. Contudo, lembre-se de que ter essa imagem de onde quer chegar sempre em mente é fundamental. Esqueça-se disso e passará a desperdiçar energia novamente.

2 POSSUEM REDE DE CONTATOS

Desenvolvem uma rede de contatos de alto valor, bem como uma capacidade de convencimento ou persuasão dessa mesma rede.

Se você já leu a biografia ou assistiu a alguns dos filmes sobre a vida de Steve Jobs, certamente lembrou dele ao ler esse tópico. Se você ainda não teve contato com pelo menos uma parte da história desse gênio, sugiro que o faça.

3 SENSO DE OPORTUNIDADE

O verdadeiro empreendedor possui um aguçado senso de oportunidade e fará de tudo para aproveitar uma brecha que a vida tenha lhe conferido para lançar seu produto ou serviço, ampliar sua rede de parceiros e vender mais para ainda mais pessoas e empresas.

Se você já estudou a biografia de Bill Gates – um dos homens mais ricos do mundo e fundador da Microsoft – provavelmente sabe que uma de suas grandes sacadas foi a disponibilização de sua versão do sistema operacional para a IBM a fim de que a gigante americana na área de computadores pudesse lançar o "PC", ou Personal Computer.

Pois bem, a IBM lançaria o Computador Pessoal IBM no início da década de 1980, mais precisamente em agosto de 1981. À época, os dirigentes da IBM pensavam que o futuro da indústria da tecnologia estava reservado para os fabricantes de máquinas, e não para as produtoras de softwares.

A empresa acreditava que lançando uma máquina de arquitetura aberta poderia cobrar royalties dos demais fabricantes e, dessa forma, ficaria sempre à frente da concorrência, já que o seu "IBM PC" seria um padrão mundial de arquitetura.

A IBM possuía um sistema operacional bastante avançado e robusto, mas optou por usar um sistema de fora, visando gerar velocidade ao processo de lançamento, já que o processador escolhido era menos potente e compatível com um sistema operacional mais pobre em capacidade computacional.

Os executivos da IBM convidaram então Bill Gates para uma reunião. O objetivo era usar um sistema da – à época – minúscula Microsoft para lançar o computador o mais rapidamente possível. Ao receber a demanda, Gates simplesmente a aceitou, mesmo sem possuir o sistema requerido.

A solução encontrada pelo fundador da Microsoft foi – ao sair da reunião com a IBM – comprar um sistema operacional e batizá-lo com o nome de MS-DOS, que significava, em tradução livre: Sistema Operacional de Diretórios. As duas letras "MS" remetiam à Microsoft, denominação de sua pequena empresa.

Se Bill Gates simplesmente tivesse dito que 'não possuía o sistema', sairia da reunião, seguiria sua vida e a sua empresa provavelmente teria tido uma existência medíocre e já teria cerrado suas portas.

Contudo, ao acreditar que aquela seria a chance de sua vida, teve o senso de oportunidade e encarou o pedido como um desafio que seria vencido. Resultado? A Microsoft acabou por impor – com a ajuda da IBM – um padrão mundial de sistema operacional, já que o MS-DOS foi seguido pelo Windows 3.11 e o resto é história.

4 RESILIÊNCIA

A resiliência é a capacidade que determinadas pessoas têm de se recuperarem de eventuais fracassos ou experiências malsucedidas e partirem novamente para outra tentativa. É óbvio que os eventuais fracassos trazem uma certa dose de decepção. E eventualmente trazem também alguns prejuízos financeiros difíceis de recuperar. É por isso que o risco deve ser bastante ponderado para minimizar a possibilidade de perdas irreparáveis. Contudo, a resiliência costuma trazer benefícios aos empreendedores que sabem aproveitar o melhor que tais percalços apresentam. O mais importante desses é a experiência. Isso mesmo! Todo empreendedor de sucesso (até os mais bem-sucedidos do mundo) já faliram empresas e lançaram produtos e serviços que foram um verdadeiro desastre. Contudo, seguiram perseverando até alcançar o objetivo traçado, eventualmente fazendo ajustes ou até mesmo mudando radicalmente de rumo o foco de seu negócio, a partir de um aprendizado que o próprio mercado proporcionou.

Um exemplo bastante icônico de resiliência é o do empresário norte americano Ray Kroc, que enxergou numa pequena lanchonete tocada por dois irmãos (os irmãos McDonald) a possibilidade de construir uma rede gigantesca de lanchonetes fast food em todo o mundo. Ray Kroc teve uma série de ideias de negócios que estavam além de seu tempo. Vivia em dificuldades tentando vender produtos revolucionários para sua época, sem contar com a aceitação de mercado. Ao deparar-se com a oportunidade de sua vida, remodelou o negócio visando gerar ganho de escala e transformou uma única lanchonete num império mundial na área de alimentação.

5 CAPACIDADE DE MATERIALIZAR SUAS IDEIAS

Ao estabelecer metas e prazos para fazer cada uma das etapas necessárias acontecer, os empreendedores definem para si e para suas equipes, um cronograma de atividades a ser seguido.

Steve Jobs é um exemplo de tal capacidade. A partir de uma visão de futuro, ele concebia a ideia de produtos que deveriam ser produzidos sob rígidos padrões de qualidade dos quais ele não abria mão. Sua biografia revela um líder muitas vezes ácido no trato com suas equipes de engenheiros. Mas ao expor seus times ao limite de suas capacidades, ao mesmo tempo em que acumulava desafetos dentro da empresa, amealhava uma legião de fãs ávidos por adquirir os produtos revolucionários que sua empresa era capaz de entregar ao mercado.

6 DISPOSIÇÃO PARA CORRER RISCOS CONTROLADOS

Como já evidenciei, os empreendedores assumem – costumeiramente – uma série de riscos e exposição controlada na trajetória de lançamento de seus produtos, serviços e empresas.

7 ESTÃO SEMPRE INVENTANDO E INOVANDO

A diferença básica entre inovação e invenção. A invenção é a criação de algo novo, inédito. Já a inovação se apoia no uso de algo que já existe para utilizá-lo de uma forma nova, diferente.

De qualquer forma, seja no âmbito da invenção ou da inovação, os empreendedores de sucesso não se acomodam com a criação de uma nova empresa, o lançamento de um novo produto ou serviço. Eles estão sempre pesquisando novas formas de melhorar, atualizar, torná-lo mais simples de usar, mais lucrativo para a empresa e mais valioso para o cliente.

Agregar valor ao produto ou serviço – na maioria das vezes – requer ações simples e eventualmente gratuitas ou de baixíssimo custo. Por exemplo, pense em uma empresa que fabrica móveis usando madeira tradicional e passa a utilizar sobras de madeira de pallets, que são descartados por indústrias.

A empresa passa a vender produtos com mais apelo ecológico, porque preserva árvores que seriam derrubadas para a produção de madeira. Ao mesmo tempo, entrega aos seus clientes um produto com maior valor agregado, que eles poderão exibir com orgulho em suas casas e escritórios.

8 ZELAM POR SUA PALAVRA

Os verdadeiros líderes têm para com sua palavra um altíssimo grau de comprometimento. Eles entendem que sua palavra é um de seus mais valiosos ativos. Portanto, ao combinarem algo com um fornecedor, cliente ou parceiro, honram sua parte no negócio.

Outra forma de honrar sua palavra é – por exemplo – entregando aquilo que sua oferta se dispôs a entregar. Se uma peça publicitária prometeu vender um determinado item por um valor promocional, esconder um 'asterisco' com explicações minúsculas afirmando que somente será vendido naquelas condições, por exemplo, em determinado dia e horário, é zombar da inteligência do cliente.

O mais elevado grau de zelo pela palavra de uma empresa ou empreendedor é a garantia de satisfação ou o dinheiro do cliente de volta. A política é ousada e se constitui numa forte afirmação ao mercado e aos clientes que a empresa aposta tanto na qualidade do que produz e que é capaz de devolver – sem perguntas – o valor pago no caso de insatisfação.

9 RECRUTAM OS MAIS CAPACITADOS PARCEIROS

Os empreendedores de sucesso têm a visão e capacidade de recrutar colaboradores até mais capacitados que os próprios, em suas respectivas áreas de atuação. Cercar-se de pessoas inteligentes e capacitadas aumenta sensivelmente as chances de sucesso da empresa.

Por outro lado, economizar contratando profissionais medíocres, irresponsáveis, ignorantes e mal-educados condenará a empresa ao fracasso. Essa recomendação serve para todas as áreas, tais como: vendedores, gerentes, advogados para examinar contratos, contadores, etc.

10 SABEM DELEGAR

O verdadeiro empreendedor desenvolve uma aptidão pela delegação, treinamento de colaboradores e parceiros e – consequentemente – pelo acompanhamento das principais rotinas que são essenciais para alavancar a performance do negócio.

Ao mesmo tempo em que cobrar os resultados de sua equipe, exigindo um elevado padrão de qualidade em seus resultados, tem que identificar os profissionais que não estão à altura dos desafios que lhe são entregues. Antes disso, o empreendedor estimula o desenvolvimento profissional de seu time. Contudo, é óbvio que sempre haverá indivíduos acomodados, mal-humorados, displicentes, etc. que eventualmente terão que ser desligados ou realocados.

11 OTIMIZAM SEU TEMPO

A aplicação otimizada do tempo é algo que requer uma firme determinação por parte de cada empreendedor. Sua energia deve ser utilizada exclusivamente em tarefas cruciais que exigem sua atenção e criatividade. Ao optar pelas tarefas de 'Executivo' ao invés das tarefas de 'executor', o empreendedor começa a ter tempo para projetar a sustentabilidade de seu negócio no médio e no longo prazo.

Os empreendedores que pensam: 'se quiser algo bem feito, faça você mesmo', ficarão eternamente presos na armadilha da execução, que elimina qualquer possibilidade de escalabilidade.

12 SÃO COMUNICADORES E VENDEDORES

O termo vendedor aqui vale para qualquer profissão ou ramo de negócio. Sendo você um advogado, terá que desenvolver expertise de um vendedor, se quiser ter êxito em sua profissão. Afinal de contas, como um cliente se convencerá que deve lhe 'comprar' como um profissional prestador de serviços?

É óbvio que as estratégias de venda variam conforme a profissão, o público alvo (nicho de mercado) e devem observar as restrições e limites que eventualmente a legislação aplicável impõe ao profissional ou ramo de atividade. Por exemplo, se você é advogado, é óbvio que conhece o Estatuto da Ordem e suas regras para a oferta de serviços profissionais.

Mas o fato é que a capacidade de comunicação e venda é algo essencial para qualquer tipo de negócio ou profissão. Se você não é um hábil comunicador ou vendedor, a boa notícia é que há muitos cursos que capacitam nessas áreas.

13 ORGANIZAM PARCERIAS, ATÉ COM CONCORRENTES

Talvez você estranhe esse tópico, mas a verdade é que a realização de parcerias é tão importante para o sucesso e longevidade de um negócio que até com concorrentes é necessário – eventualmente – realizar tais ajustes.

Quer um exemplo? Os pequenos supermercados e pequenas farmácias que se unem em redes de compras com o objetivo de adquirirem lotes de mercadorias em conjunto – direto dos fabricantes – obtendo preços similares aos que os grandes supermercadistas e farmácias recebem.

14 FACILITAM A VIDA DO CLIENTE

Os empreendedores de sucesso mantêm-se focados no cliente. Fazem de tudo para melhorar as opções de pagamento, entrega e disponibilidade de produtos.

Se o cliente demanda uma loja que não vende com cartão, ou só vende a partir de determinado valor. Ou que só aceita uma determinada 'bandeira' de administradora, o cliente vai fazer suas compras em outro lugar.

Se o cliente liga para fazer uma compra e pede entrega e a loja responde que não entrega em domicílio. Ou se frequentemente faltam itens no estoque da loja, essa é uma operação que está com os dias contados.

O cliente gosta de ligar grátis; ter todas as opções de pagamento disponíveis; receber em casa, no menor tempo possível... Enfim, isso é o mínimo que se espera de um negócio. É sobre essa base que as demais facilidades e inovações têm que ser construídas.

ZONA DE AÇÃO

Observe que todas as 14 estratégias descritas são o oposto da Zona de Conforto. Vou chamá-las de Zona de Ação. Entenda que essa lista é apenas um conjunto de dicas que devem ser tomadas como exemplos que eventualmente precisam ser adaptados para o seu mercado e forma de atuação.

DICA

A principal razão pela qual os ricos enriquecem, é que eles se dedicam ao aperfeiçoamento contínuo de seus negócios. Isso pode ser realizado por meio de ideias, da observação de outras empresas, das sugestões dos clientes e do desenvolvimento de estudos de consultores, por exemplo. A regra de ouro é essa: manter-se em constante evolução.

SACADA TEM NOME

FIDELIZAÇÃO

Por mais batido que possa parecer, trata-se de uma estratégia que deve ser considerada. As formas de fidelização vão desde a distribuição de tickets de desconto até a formatação de modelos complexos de pontuação por meio de clubes de fidelidade.

Contudo, se você não tem uma ou mais estratégias de fidelização bem boladas, trate de pensar em como atrair de volta para seu negócio os clientes já conquistados. Principalmente se você atua em um mercado com preços de venda bastante próximos, uma boa política de fidelização certamente funcionará como um diferencial que transformará clientes comuns em clientes recorrentes. E isso é fundamental para a solidificação de uma receita ao longo do ano.

FINTECH

O termo é relativamente novo, mas as soluções que tendem a oferecer tais empresas, provavelmente afetarão – positivamente – milhões de pessoas físicas e jurídicas. O 'Fin' faz alusão à atividade de Finanças (Financial) e o Tech é uma referência à Tecnologia.

As Fintechs podem ser traduzidas de forma bastante restrita a bancos online. Como não possuem agências físicas e sua infraestrutura de operação é bastante espartana, as Fintechs podem ser – para você e para o seu negócio – uma alternativa bastante viável aos bancos, com seus custos elevados não só em juros, mas também em tarifas de serviços e metas de gerentes que te empurram seguros, capitalizações, etc.

10

Modelos de geração de renda passiva

10 dicas para gerar renda passiva e escalável

> "Uma jornada de mil quilômetros precisa começar com um simples passo."
>
> Lao Tzu

Tcharam! Agora sim! Neste capítulo vamos explorar algumas modelagens de geração de renda passiva.

Por óbvio, é impossível aqui tentarmos esgotar o assunto listando e descrevendo **todos** os modelos para se enriquecer dormindo.

O mais importante a partir deste capítulo é que você perceba que é possível não só construir um modelo de negócios no qual se busca a escalabilidade e a geração de renda passiva, mas também é altamente recomendável que você procure instalar o 'plug-in' dessas duas características de alavancagem em seu negócio ou em sua atividade profissional atual, por mais analógica e tradicional que seja. O que vamos fazer aqui é descrever mais detalhadamente algumas das diversas modalidades de geração de renda passiva. Espero que, a partir da leitura do presente capítulo, fique reforçada em sua mente a perspectiva de que é possível sim, gerar renda passiva escalável.

Inicialmente quero deixar claro alguns pontos importantes:

1. Construir e desenvolver um modelo que gere renda passiva não é algo feio. Não é pecado. Não é contra nenhuma lei que se tenha conhecimento;
2. Não se trata de explorar o próximo. Pelo contrário! Trata-se de construir oportunidades de geração de riqueza para pessoas, empresas, comunidades e países;

3. É possível para pessoas de qualquer nível de conhecimento, renda e classe social gerar renda passiva escalável. Há modelos para todos os gostos, expertises profissionais e disposição para o trabalho;
4. Há uma infinidade de tipos e níveis de escalabilidade possíveis. Você pode – e deve – implementar a escalabilidade em seu negócio ou profissão, seja essa analógica ou digital;
5. Vou privilegiar a descrição de modelos de geração de renda passiva para pessoas que possuem pouco ou nenhum capital. Isso porque ao fazermos isso, estaremos disseminando um conjunto de diretrizes que se aplicam a vários outros modelos para os que possuem mais capital disponível para aplicar em tais iniciativas; e
6. Vou ignorar os modelos de geração de renda passiva escalável de alto risco e especulativo. Portanto, esperem que as dicas aqui tratadas tendam a modelos nos quais se privilegia a geração e distribuição de riqueza, por meio da geração de empregos reais.

Se você fizer uma pesquisa na internet sobre o tema, provavelmente encontrará uma série de sites que tratam o assunto 'renda passiva' de forma bastante superficial. Noutros, há uma clara tendência para um determinado nicho de mercado como, e especialmente, via aplicações financeiras.

Não sou contra a ação tendente a acumular capital via aplicações financeiras. Contudo, não as recomendo pelo fato de não serem meios para se atingir uma independência financeira quando se possui pouco capital. Trata-se de uma forma de acumular sobras, especialmente quando não se tem uma opção de aplicação (em empreendimento) que possibilite a multiplicação mais rápida, distributiva e escalável.

Minha intenção, portanto, é apresentar-lhe uma pequena lista de ideias empreendedoras que poderão levar você ao nível em que – em certo ponto do desenvolvimento – estará ganhando dinheiro – e enriquecendo – literalmente dormindo.

Outro ponto interessante para você ficar ligado é o fato de que este capítulo será interativo. Com a publicação do livro, criaremos uma verdadeira comunidade em torno da ideia e passaremos a receber – online – milhares de ideias e insights de todos os que tiverem contato com essa iniciativa, seja no formato online ou em papel.

Ao atingirmos esse nível de interatividade, estaremos gerando escalabilidade da ideia. Estaremos também capilarizando o alcance da mensagem pelo modo online, atingindo milhares de pessoas que precisam de informação qualificada – não só para dar o primeiro passo – como também orientação segura para seguir adiante. A construção dessa 'rede' de empreendedores servirá como uma grande incubadora onde os empreendedores irão buscar soluções para seus problemas, enquanto consultores poderão dar dicas de como sanar tais questões, por meio de cursos, seminários, fóruns e palestras gratuitos e interativos.

A formatação dessa rede online de interatividade em torno da ideia central deste livro permitirá ainda – dentre outras coisas – a disponibilização de um banco de ideias de negócios que permitem a escalabilidade. Em outra seção estarão disponíveis listas de plug-ins para que seja possível instalar a escalabilidade em negócios tradicionais que podem evoluir em seus modelos. E a seção de 'cases' permitirá ao leitor absorver uma série de testemunhais de empreendedores reais que levaram suas iniciativas a níveis jamais imaginados em termos de escalabilidade.

Bom, mas isso é para daqui a pouco. O site do 'Enriqueça Dormindo' entra em operação quando este livro estiver concluído e impresso integralmente nas versões em papel e online.

Dito isso, vamos aqui começar a descrever alguns desses modelos que serão – espero – ao longo dos anos em que o presente livro estiver sendo publicado, objeto permanente de revisão e atualização. Para isso, pretendo contar com sua colaboração – online – pelo site que estamos construindo para tal fim.

Pronto? Então vamos lá...

DICA Nº 1: ESCREVA UM LIVRO

Isso mesmo! Um livro é uma das maneiras mais antigas de se gerar renda passiva escalável. É um dos modelos mais testados de geração de renda passiva. É o modelo básico por excelência no qual você aplica energia durante um determinado tempo (até que o livro esteja completo e publicado) e em seguida, passa a ganhar dinheiro sem ter que trabalhar mais para isso.

É até natural que – vez por outra – você tenha que coordenar algumas ações de promoção como noites de autógrafos – principalmente no início – visando gerar mais visibilidade para sua obra e, com isso, aumentar as vendas. Um livro é um investimento onde ele mesmo repõe, com as vendas, o dinheiro aplicado na sua escrita e publicação.

Em outras situações você deverá coordenar campanhas de Marketing Digital, principalmente quando sentir que o burburinho sobre sua obra estiver esfriando. Faz parte da cartilha do empreendedor manter suas inciativas de negócio sempre ativas na mente dos potenciais clientes.

Uma forma bastante eficiente de se promover um livro é a realização de palestras em grandes livrarias ou em outros espaços de interesse (principalmente as que dispõem de um auditório para esse tipo de evento). A palestra deve ser gratuita e focada no tema central de seu livro. Ao término da palestra, os leitores devem ser convidados a adquirem o livro, que será – obviamente – autografado por você e terá esses momentos devidamente compartilhados nas redes sociais e profissionais – suas e de seus leitores.

De qualquer forma, esses eventuais esforços serão certamente inferiores ao ganho proporcionado. Essa é a grande sacada da geração de renda passiva. Além disso, tais inciativas acabam por gerar um ganho imaterial extra que certamente – no futuro – será convertido em ganho material (dinheiro em sua conta bancária). Falo sobre a construção e fortalecimento de sua imagem perante pessoas que você talvez jamais alcançaria se não atuasse como protagonista de tais ações.

Imagine que agora você passa a ser conhecido como 'autor', 'escritor'. Esse tipo de referenciamento o credenciará a novos convites para as mais diversas oportunidades. Seja inteligente para selecionar as que realmente lhe interessam e podem alavancar ainda mais sua imagem, carreira e negócios.

Como escalar mais ainda? Crie um site com o domínio que remeta à ideia ou assunto tratado no livro e contrate uma empresa especializada em campanhas promocionais na web. Se você encontrar e fechar um contrato que remunere de forma variável – a partir da verificação de resultados reais de conversão (venda), poderá experimentar o real significado da expressão que dá título ao presente livro.

A iniciativa de escrever um livro é ainda capaz de gerar outros ganhos à margem do ganho específico financeiro. Por exemplo, ao publicar um livro, você tem sua personalidade catapultada ao nível em que é considerado uma 'autoridade' no tema que trata. Com esse upgrade em sua imagem, outras oportunidades de geração de renda surgirão, pois você passará a ser chamado a proferir palestras, ministrar cursos, participar de programas sobre o tema, etc.

Atente para o fato de que para publicar um livro você deve saber vendê-lo. Definir um título que seja comercialmente atraente é apenas uma das decisões necessárias. Em seguida, tenha certeza de que você contará com uma assessoria para orientar-lhe sobre quais os requisitos necessários para oferecer sua obra online, como uma imagem de capa que contenha os requisitos exigidos pelos principais sites de e-commerce. E poder oferecer o livro no formato eletrônico (e-book) é certamente uma das formas de escalar suas vendas.

Bom, creio que é totalmente desnecessário (re)afirmar minha crença sobre a validade de se escrever um livro como iniciativa de geração de renda passiva e escalável. Não deixando de evidenciar que o livro se torna um patrimônio, já que os direitos autorais do mesmo vão para os herdeiros diretos, até 70 anos após a morte do autor, após esse período o conteúdo é de domínio público. Fica evidente que acredito – também – que ao me tornar um 'escritor', terei minha carreira elevada em um novo patamar. Afinal de contas, o que estou fazendo aqui e agora, não?!

DICA Nº 2: CRIE E VENDA CURSOS ONLINE

Talvez você entenda que tal iniciativa não é para você, porque você não é um 'professor'. Ora, mas todos somos muito bons em algo. E certamente você conhece **muito** sobre determinado tema.

Para sua surpresa, no mundo há milhares de pessoas que gostariam muito de aprender mais, exatamente sobre o tema no qual você é especialista. E atualmente há centenas de plataformas que podem te ajudar a vender seu conteúdo online, por meio de matrículas em seus cursos na modalidade de e-learning.

Uma das plataformas brasileiras que oferecem a possibilidade de você construir sua página personalizada do professor é a Unieducar. Acesse o link específico[7] e saiba mais como gravar seus cursos, obtendo renda passiva escalável com sua produção intelectual[8].

---

[7] UNIEDUCAR: https://unieducar.org.br/quero-publicar-meus-cursos

[8] Veja o exemplo de minha página em https://unieducar.org.br/professor/juracy

As vantagens de você usar uma plataforma de e-learning em vez de construir o seu próprio site são inúmeras. A principal delas é o fato de que o trabalho pesado – **e caro** – de SEO – Search Engine Optimization (otimização de motores de busca) ficará a cargo da empresa provedora da solução. Além do esforço de SEO, a infraestrutura de atendimento, 0800, geração, validação, impressão e envio de certificados, emissão de notas fiscais, além de toda a manutenção de T.I. – Tecnologia da Informação, ficará a cargo da empresa de LMS – Learning Management System.

Quer saber como isso funciona? Vamos supor que você quer vender camisetas personalizadas pela internet. Você pode montar o próprio site, arcando com todos os custos operacionais e gastar uma montanha de dinheiro com Marketing Digital para atrair clientes ao seu site. Ou poderá simplesmente criar uma loja online em um site como o Mercado Livre, por exemplo. Você acha que será mais fácil seu cliente lhe encontrar em seu próprio site ou no Mercado Livre? Pois é isso que acontece ao você optar por ofertar seus cursos online em uma plataforma de e-learning como a www.unieducar.org.br

DICA Nº 3: CRIE UMA FRANQUIA

O conceito de franquia é relativamente antigo e (também) é uma das maneiras mais inteligentes para se escalar uma ideia. A grande sacada ao se franquear uma determinada ideia é a de que o modelo acaba produzindo vantagens para o franqueador, para os franqueados e para os clientes, além de para toda a cadeia de fornecedores.

Ao falarmos em 'franquia' talvez lhe venha à mente – imediatamente – algo gigantesco como o McDonald´s. Certo, esse é um exemplo de sucesso fantástico e vale a pena estudá-lo como um 'case' de sucesso em empreendedorismo.

Mas o modelo de franquia é essencialmente simples e envolve um conceito que vou chamar aqui de 'envelopamento de ideia'. No momento em que a ideia está devidamente 'envelopada', estará pronta para ser alugada (franqueada).

Ao 'envelopar' uma determinada ideia, você estará essencialmente sistematizando um conjunto de regras de 'como fazer' (know how). Esse conjunto de regras de 'como fazer' envolve tudo o que a unidade modelo tem a replicar para todo o conjunto de unidades franqueadas.

Observe que ao acessar uma loja do McDonald´s, você verá sempre os colaboradores usando as mesmas roupas, manuseando as mesmas máquinas, vendendo os mesmos sanduíches e shakes e, principalmente, agindo conforme o 'manual de procedimentos' publicado pela empresa franqueadora.

É óbvio que o modelo comporta adaptações regionais e culturais. Uma loja do McDonald´s estabelecida numa cidade que tem determinada cultura oriental pode (deve) assimilar uma série de regras para não bater de frente com – especialmente – os valores religiosos e éticos daquela comunidade.

Mas, vamos ao conceito, ou melhor, vamos explicar como se 'envelopa' uma ideia, usando um modelo bastante simples para reforçar meus argumentos.

Vamos supor que você é uma pessoa apaixonada por perfumes e decide criar uma franquia a partir de sua paixão. Obviamente você estudou bastante sobre como fabricar perfumes e já identificou alguns fabricantes de essências de excelente qualidade.

Como público-alvo de seu negócio, você definiu que seriam pessoas na faixa de 30 a 50 anos que gostam de aromas de qualidade, perfumes com ótimo nível de fixação e essências discretas, que mais se aproximam do odor preferido pelo público-alvo.

Suponhamos que você se tornou uma empreendedora tão boa na arte de fabricar perfumes que todos os seus amigos reconhecem em você uma pessoa que consegue produzir perfumes de alta qualidade a preços bastante atraentes, se comparados aos demais produtos de marca comercializados regularmente no mercado.

Com o desenvolvimento de seu negócio, você criou e registrou uma marca própria e – como já se dedicou bastante ao assunto – desenvolveu embalagens personalizadas que distinguem seus produtos dos demais fabricados artesanalmente.

A partir daí decide 'escalar' o negócio. As alternativas são variadas. E entre abrir filiais e contratar empregados, arcar com custos de aluguel, energia, condomínio e todos os demais relacionados à abertura de novos pontos de venda, você opta por 'envelopar' sua ideia e vendê-la em forma de franquias.

Ao optar por vender franquias de seu negócio, você, ao invés de pagar para abrir novas unidades, irá receber taxa de franquia daqueles interessados em abrir suas unidades franqueadas. E transferirá para o franqueado todos os demais custos operacionais relacionados à folha de pagamento, aluguel, condomínio, energia, e demais impostos relacionados àquela unidade de negócios.

Mas o que faz com que alguém decida 'comprar' uma franquia sua, em vez de começar o seu próprio negócio? A resposta reside no fato de que você – ao franquear uma unidade – poderá transferir ao novo empreendedor toda a experiência e soluções desenvolvidas anteriormente, o que elevará consideravelmente a possibilidade de obtenção de êxito na jornada empreendedora.

Ou seja, o franqueado aproveitará de toda a sua experiência e recebe todas as informações que facilitam e elevam as chances do novo negócio decolar. Esse é o conjunto de vantagens que se tem ao receber uma ideia empreendedora devidamente 'envelopada'.

É óbvio que o franqueado ficará obrigado contratualmente a seguir uma série de regras que a sua empresa franqueadora imporá, sob pena de rescisão de contrato de franquia e eventualmente exigência de pagamento das multas previstas contratualmente.

E por tal motivo é importante que você – ao selecionar os futuros franqueados – opte por privilegiar aqueles que possuem perfil mais de cumpridores de regras. Os que possuem perfil de pessoas criativas devem ser – a princípio – descartados. Não porque a criatividade seja algo ruim. Pelo contrário! Mas é que o modelo de franquia não comporta a reinvenção do 'como fazer'.

Ou seja, se as regras já foram testadas e aprovadas, e a ideia devidamente 'envelopada', conviver com um franqueado que esteja frequentemente querendo – na operação – mudar aquele conjunto de instruções, será algo ruim para toda a sua cadeia de franquias.

Não estou aqui a defender que um modelo testado e aprovado não deva se submeter à inovação e reposicionamento. Só que essas iniciativas devem ser implementadas de forma controlada, com o conhecimento e permissão do franqueador, em uma unidade especialmente identificada para servir de 'laboratório'. Ou seja, antes de ir para o campo da 'produção', deve-se realizar os testes para validação.

Uma das formas de se ganhar dinheiro com o sistema de franquia é – óbvio – por meio da revenda dos produtos licenciados. Ou seja, seus franqueados ficam obrigados a adquirir produtos **exclusivamente de você**, ou de fornecedores que você indicar.

Há ainda uma série de outras remunerações, como a taxa de royalties, que é a forma que sua empresa tem de cobrar pelo licenciamento da marca da empresa (que obviamente pressupõe que você já detém o referido registro junto ao INPI – Instituto Nacional da Propriedade Industrial).

Em suma, a modelagem de franquia requer uma experiência anterior já bem-sucedida e amadurecida. Como é uma via de escalabilidade, somente deve ser pensada após o negócio obter um certo grau de sucesso e sustentabilidade que permita o investimento com consultores especializados no lançamento de um plano de franquia.

DICA Nº 4: CRIE SISTEMAS OU APPS E ALUGUE-OS ONLINE

A expertise para programar está muito mais acessível a diversos profissionais. Contudo, são poucos que a exploram ao ponto de monetizá-la comercialmente.

Essa deficiência empreendedora é típica do profissional que não desenvolveu outras habilidades profissionais além daquelas vinculadas exclusivamente à programação.

Enquanto ministrava aulas para alunos de Contábeis, Administração e Tecnologia da Informação, percebia que os alunos de T.I. tinham um certo desprezo por basicamente todas as outras disciplinas que não envolvessem programação. Esse erro é grave e reduz a capacidade empreendedora dos alunos, que desperdiçam as oportunidades de aprender sobre gestão e marketing, para ficar só em duas que são essenciais à atividade empreendedora.

Mas os profissionais de T.I. que aprendem sobre gestão e marketing, ou que pelo menos se associam a outros que são experts nessas tecnologias, acabam por criar modelos de negócios escaláveis, que permanecem gerando receita por longos períodos, remotamente.

Pense na infinidade de oportunidades que se abrem para o programador que, por exemplo, desenvolve um APP para gestão de condomínios? Ou para o gerenciamento de processos para escritórios de Advocacia?

Pois bem... as possibilidades são – literalmente – infinitas. A boa notícia? A tecnologia de programação está bastante acessível a qualquer interessado. Não precisa sequer fazer um curso superior para isso. Há centenas de cursos – inclusive online – que lhe ensinam a produzir – e vender – seus APPs para os mais diversos tipos de clientes.

Você terá que identificar a necessidade, programar e alugar... eis aqui um ótimo modelo de geração de renda passiva.

DICA Nº 5: MONTE UMA GESTORA DE CONDOMÍNIOS

O conceito de moradia em condomínios se expande a taxas exponenciais. Cada vez mais pessoas optam por residir em condomínios, sejam esses horizontais ou verticais.

E aí se abrem diversas oportunidades para profissionais que desejem atuar entregando soluções para essas comunidades de moradores que estão – sempre – necessitando de serviços profissionais responsáveis.

A dica para iniciar é fazer um curso que lhe qualifique a atuar na área. A Unieducar possui um curso online de formação de síndico profissional que provavelmente irá lhe desenvolver uma série de expertises para atuar neste nicho de mercado.[9]

De qualquer modo, além de estar tecnicamente capacitado, você deverá desenvolver outras habilidades essenciais, e especialmente: Networking e Inteligência Emocional, além de construir parcerias com fornecedores, advogados, contadores e corretores, dentre outros. Lembre-se que a habilidade para construir pontes com parceiros é garantia de indicação de clientes. E isso proporciona longevidade ao seu negócio.

Após sua gestora atingir um bom nível de maturidade, você poderá optar por escalar a atividade e afastar-se do dia-a-dia dos negócios, por uma das seguintes vias:

a) vendendo sua empresa e passando a viver dos rendimentos;

b) treinando gestores e coordenando suas atividades, em vez de assumir pessoalmente as demandas da empresa, ou;

c) franqueando o modelo para outras cidades e estados, ganhando com taxas de franquia e royalties.

[9] Acesse https://goo.gl/ojftjg e capacite-se para atuar nesta área.

DICA Nº 6: CRIE REDE DE COMPRAS

Se você é bem relacionado entre comerciantes em sua cidade, talvez não esteja aproveitando bem esse seu 'Ativo'. Logicamente terá que possuir também capacidade gerencial para ser visto como alguém apto a promover essa atividade.

A criação e gestão de uma rede de compras parte do princípio que pequenos empresários somente poderão competir no mercado em que os 'grandes' atuam se estiverem organizados em redes. Ou seja, enquanto um grande compra em grandes quantidades e obtém preços baixos, os pequenos somente poderão comprar pelo mesmo preço se estiverem reunidos em uma rede.

E é aí que você entra com sua rede de relacionamentos bem azeitada e sua capacidade de empreender. Você terá que convencer os diversos 'concorrentes' a se organizarem em uma rede que será gerenciada por você, que receberá uma remuneração para organizar todos os processos burocráticos.

Ao criar e colocar para funcionar essa nova rede, você deverá escalar seus rendimentos. Além das formas já descritas, eu sugiro que você opte pela seguinte modelagem:

Venda sua rede aos parceiros e permita que eles mesmos passem a gerenciá-la. Em seguida, crie uma empresa de consultoria e passe a formatar outras redes em outras atividades, usando este 'case' como cartão de visitas. A partir do momento em que criou a experiência, passa a ser detentor de um 'portfolio' que o credencia para novos projetos semelhantes.

DICA Nº 7: CRIE E GERENCIE LOJAS ONLINE

Muitos comerciantes atualmente vendem suas mercadorias exclusivamente em lojas físicas e não entendem do mundo online. É bem verdade que a maioria não entende ainda a tecnologia ou sequer dispõe de tempo para estudar e implementar as ações tendentes à oferta de seus itens na web.

E está cada vez mais simples montar estratégias para venda de produtos e serviços valendo-se das redes disponíveis para isso. Desde redes especificamente projetadas para tal, como o Mercado Livre, por exemplo, até redes sociais, como o Instagram, Facebook e até o WhatsApp.

Bom, se você está desempregado ou trabalha em um emprego que lhe remunera mal, passe a utilizar seu tempo livre (lembre-se! Todos nós temos pelo menos duas horas de tempo livre – diariamente) para construir e colocar operacionalmente lojas virtuais para seus clientes.

A ideia é simples, mas pode ir se sofisticando e se transformar em sua principal fonte de renda, permitindo, no futuro, que você abandone a ocupação atual e passe a dedicar-se mais a essa nova atividade.

Vamos supor que você tenha um parente que vende roupas em uma pequena loja física, localizada em seu bairro. As desvantagens de se ter uma loja física são muitas. Vou elencar apenas duas, que a atuação no mundo online resolve:

- Sua loja física atenderá exclusivamente o público naquela área de influência (vizinhança). Ao atuar no modo online, você terá condições de vender para toda a sua cidade; para todo o seu estado; para todo o seu país e até para o exterior. Como vender para o exterior? Simples! Instale o PayPal e receba pagamentos de qualquer parte do mundo! Uma dica: calcule a média do frete para o país e informe que você tem 'frete grátis' para todo o Brasil. Isso reforça seu argumento de venda, reduz a barreira de entrada e passa uma imagem de que sua empresa é proativa para com o cliente.

- Se você possui uma pequena loja física, essa característica fica evidente e você – provavelmente – não poderá cobrar mais por seus produtos, já que será visto como um 'player' menor. Ao vender na web, seja por site ou redes sociais, você passa a ter o mesmo 'tamanho' de uma loja gigantesca. Isso mesmo! Pense num cliente acessando o site da gigante Amazon e em seguida acessando o seu site?! O tamanho da tela do computador ou celular é o mesmo. Então essas duas lojas terão o mesmo 'tamanho' ao oferecerem seus produtos online.

O fato é que você, que entende de montar lojas virtuais, pode capitalizar esse conhecimento e monetizar suas ações montando e gerenciando lojas online para amigos empreendedores. Com o passar do tempo, poderá sistematizar cada vez mais essas rotinas e ganhar comissões sobre o que for vendido.

Pense nisso: ser remunerado via comissões sobre as vendas das lojas online que você montou e agora gerencia, de forma automatizada e remota, pode ser uma ótima forma de enriquecer dormindo. Como as lojas virtuais funcionam 24 horas por dia, 7 dias por semana, 365 dias por ano, sempre que você acordar, provavelmente terá mais dinheiro em sua conta bancária do que tinha quando adormeceu.

DICA Nº 8: CRIE UM EVENTO

Eventos são instrumentos potencializadores de negócios. A realização de eventos proporciona uma verdadeira dinâmica do tipo ganha-ganha não só para os que participam, mas também para toda uma constelação de fornecedores que passa a orbitar o referido evento.

A vantagem dessa dica é que se trata de um quadro em branco. Ou seja, você tem plena liberdade para pintá-lo com as cores e com os desenhos que preferir. Isso significa que você – criador do evento – tem o poder de imaginar um acontecimento na área que mais se aproxime daquilo que você tem interesse em promover.

Talvez você viva em uma região onde a criação de gado seja uma vocação local. Eis aí um excelente motivo para a institucionalização de um evento anual. Ou quem sabe, você tenha mais afinidade pela criação de um evento em qualquer outra área.

Seria algo impraticável citarmos – a seguir – uma lista provável de todos os tipos de eventos que você poderia criar. Mesmo assim, vamos citar aqui alguns para lhe inspirar. Isso não significa que a lista termine com tais sugestões. Veja nos exemplos a seguir um conjunto de ideias preliminares, que podem te ajudar a pensar no evento que você irá criar.

A categoria ficará a seu cargo. Você pode criar um 'Congresso Nacional'; um 'Seminário Regional'; uma 'Feira do Produtor'; uma 'Mostra Local'; ou qualquer outro título com o qual deseje batizar sua iniciativa. Aqui uma lista de sugestões:

Animais de Estimação (mercado em alta); Feira de Profissões, Empregos e Estágios; Congresso Profissional (Advocacia, Engenharia, Saúde, Auditoria, Alimentação Saudável, etc.); Implementos Agrícolas; Livros; Produção Agropecuária; etc.

A dica, contudo, é que você identifique um nicho (segmentação) de mercado que esteja em ascensão e conte com um bom número de 'players' com bastante dinheiro, interessados em expor suas empresas, produtos e serviços.

Quais as principais vantagens em se partir para a iniciativa de montar um evento?

São inúmeras, mas vamos citar apenas as duas principais, a saber:

- Parcerias. Com a definição de montar um evento em determinada área, será relativamente fácil arregimentar parceiros para apoiar a realização do mesmo. Especialmente dentre aquelas empresas e instituições que fornecem produtos e/ou serviços para o mercado. Por exemplo, se você monta um evento do tipo: Congresso de Vida Saudável. Pense na quantidade de empresas que fornecem produtos e serviços relacionados. Desde os vendedores de alimentos orgânicos, prestadores de serviços e empresas produtoras de produtos fitness, como academias. Sua imaginação é que guiará a construção de um número de parceiros que viabilizará seu primeiro evento;
- Possibilidade de ganhos em vários canais. A partir do evento formatado, você deverá ter bem definidos os canais de monetização. Isso significa que você poderá estabelecer as regras para auferir receitas em cada etapa de realização do evento. Desde o mais básico, como patrocínio, até inscrições modularizadas, que dão acesso a diferentes níveis de serviços internos (cursos, palestras, rodadas de networking, apresentações fechadas para investidores), as possibilidades são inúmeras.

O mais interessante dessa iniciativa é que se você for realmente competente na montagem de seu evento, poderá pavimentar uma trilha muito sólida para a remuneração automática nas edições seguintes. Os principais fornecedores patrocinadores deverão firmar parcerias para as realizações em anos seguintes e o melhor: poderão instigar você a realizar réplicas do evento em outras cidades e regiões nas quais possuem negócios.

Uma providência necessária nessa e em outras atividades, que ora reforço é: registre suas marcas junto ao INPI – Instituto Nacional da Propriedade Industrial – e registre também os domínios na web. Essas providências relativamente baratas são fundamentais para evitar que pessoas mal-intencionadas roubem o direito de uso das marcas e títulos que você escolheu e divulgou. Acredite em mim: deixar de executar essas tarefas vai lhe trazer muita dor de cabeça e prejuízos, além de uma série de processos judiciais que você vai querer evitar.

Com a consolidação do evento, poderá optar por licenciar sua realização para um grupo empresarial interessado, ganhando royalties ou simplesmente vendê-lo, garantindo uma recompensa financeira que lhe permitirá garantir o restante de seus dias de forma bastante tranquila, podendo aplicar sua energia em outros projetos, sem ter que se preocupar com dinheiro jamais em sua vida.

DICA Nº 9: CRIE UM SELO DE IDENTIDADE

Muitos empresários atuam de forma concorrencial predatória. Por vezes assistimos – tristes – a dizimação de toda uma cadeia de produtores se digladiarem até sua extinção, competindo por preços.

A inteligência de negócios aqui fica por conta da sacada de que é mais vantajoso costurar parcerias que preservem os participantes daquela comunidade ao invés de estimular uma disputa que arruinará a todos.

Uma das ideias plausíveis aqui pode ser a criação de um selo de qualidade ou de identidade.

Esse selo servirá para credenciar os participantes que se interessarem em deixar de competir por preço e abraçarem a ideia da criação de um padrão de qualidade que identifique os melhores produtores da região.

A iniciativa visa reduzir os danos que a concorrência predatória pode infligir aos participantes mais sérios, estabelecendo um padrão de qualidade a ser seguido por todos os que estiverem dispostos a exibirem o Selo de Identidade.

O mote para a criação do selo poderá ser algo vinculado à tradição. Imagine um grupo de produtores de mel de abelha que decidirem aderir ao Selo de Identidade dos 'Apicultores da Região Norte'. Esse será o certificado de garantia que orientará os turistas e demais adquirentes em suas próximas compras.

O modelo de remuneração desse negócio será pela prestação de serviços de qualificação da rede e pelo desenvolvimento de ações que alavancarão seu alcance e relevância. Depois que as referidas ações forem sistematizadas, você poderá 'envelopar' a ideia e terá as opções de franquear, replicar o modelo em outras regiões ou em outras áreas ou licenciar sua iniciativa, garantindo renda passiva e escalável para o resto da vida.

DICA Nº 10: CRIE UMA ACELERADORA DE EMPRESAS

O conceito de aceleradora de empresas é relativamente novo e talvez requeira que você visite algumas iniciativas já em funcionamento no Brasil ou em outros países, especialmente nos EUA (em San Francisco, no Vale do Silício) ou no Canadá (em Toronto). Se tiver interesse em visitar o Canadá, acesse www.nextlevelhub.org e informe-se sobre a próxima

Missão Toronto, que leva brasileiros para conhecer o ambiente de inovação e empreendedorismo que rola por lá.

O mais importante é entender que nesse modelo, profissionais que detém um conjunto de expertises nas áreas de gestão de negócios, consultoria jurídica, de marketing, contábil e financeira, podem alavancar o desenvolvimento de novos negócios que são – realmente – inovadores, mas que seus fundadores não possuem expertise nessas áreas mencionadas.

Ou seja, funciona como um berço no qual a jovem empresa contará com a ajuda de especialistas para não se preocupar com nada além de desenvolver seu negócio.

O modelo de remuneração aqui envolve a troca desse apoio – que é fundamental para que o negócio se desenvolva – por participação acionária que será realizada (vendida) com um ganho expressivo no momento em que a nova empresa estiver sendo apresentada a grupos de investidores.

É lógico que apenas uma parte das empresas incubadas e aceleradas atingirá um valor expressivo de mercado. Mas a experiência mostra que aquela pequena parcela de empresas que atinge esse nível acaba por remunerar – com sobra – o investimento feito nessa e em todas as demais.

A grande sacada aqui para reduzir custos é montar um time de consultores que ceda parte de seu tempo sem ônus para atuar como curadores dessas novas empresas. O que eles ganham com isso? Estarão perto de um grupo de empresas do qual surgirão ótimas oportunidades de investimento e lucro.

Creio que neste capítulo – que acabou ficando um pouco mais longo que o esperado – foi possível transmitir alguns insights para um bom começo de conversa. O objetivo de plantar as sementes foi alcançado, e os rendimentos serão colhidos por aqueles que colocarem em prática algumas das ideias enunciadas.

IMPOSTOS, Formalização, Tributação e Planejamento Tributário

Para muitos pode parecer algo chato e que merece ser evitado. Mas eu recomendo firmemente que você deve se aproximar do tema, estudando as opções com seu Contador e escolhendo a forma de tributação que mais se adequa ao seu negócio nesse determinado momento, executando esse tipo de atividade, nessa faixa de faturamento e com esse tipo de empresa. Todas essas variáveis devem ser reavaliadas anualmente, pelo menos. Na dúvida, vale o conselho que damos sempre nos casos de consulta médica: peça a opinião de um outro profissional.

Um conselho, contudo, tenho que lhe dar como mandatório: não opte pela sonegação de impostos. Além de ser uma atitude de infração à legislação, toma da sociedade uma verba que o Estado utilizará para financiar escolas, hospitais, estradas e segurança pública, dentre outras inúmeras atividades.

INTELIGÊNCIA ARTIFICAL + Robotização + Cliente Oculto

Pode parecer coisa de ficção científica, mas é algo que está acessível – em diferentes níveis – a qualquer empreendedor. O termo glamouroso pode remeter à ideia que é algo caro e distante, mas o certo é que a tecnologia já disponibiliza centenas ou milhares de aplicações e aplicativos que permitem que você embarque a tecnologia da inteligência artificial e robotização ao seu negócio.

Por exemplo, o WhatsApp lançou – no início de 2018 – uma versão para negócios. O 'WhatsApp Business' disponibiliza para empresas a criação de um perfil profissional. A partir desse novo perfil, os clientes poderão obter respostas prontas para perguntas frequentes, evitando que o empreendedor aplique tempo respondendo sobre temas que seus clientes sempre questionam.

Aqui é importante fazer um alerta! A implantação de iniciativa de I.A. ou robotização pode ser um tiro no pé de seu negócio se for mal administrada. Deixar que uma 'máquina' interaja com seus clientes pode significar desperdiçar todos os insights que os feedbacks de clientes poderiam lhe dar. Se a Avon tivesse robôs vendendo livros e presenteando com perfumes quem os comprava, jamais teria tido a sacada de mudar de ramo.

Portanto, ponha-se sempre no lugar de seu cliente. Tente comprar de sua própria empresa fazendo uso de seus canais de atendimento. Talvez você se surpreenda com o fato de que é difícil comprar de sua empresa. Algumas empresas de consultoria criaram o serviço de 'Cliente Oculto', onde enviam clientes (consultores) treinados para compras em unidades de lojas ou acessam canais de atendimento e vendas. O resultado é exibido em vídeos, gravações e sugestões para melhoria nos canais de atendimento e vendas.

11

7 passos para o lançamento de seu Plano E

As etapas necessárias para formatar sua ideia

> "As pessoas me perguntam qual é o papel que mais gostei de interpretar. Eu sempre respondo: o próximo."
>
> *Kevin Kline*, ator.

Neste capítulo vou lhe passar um conjunto valioso de informações relacionado às etapas que – via de regra – temos que seguir para o lançamento de uma ideia no formato de negócio.

Mesmo que você já possua um negócio em plena atividade, esse conjunto de informações provavelmente lhe será bastante útil para a evolução de seu negócio e eventualmente para que você o implemente no processo de requalificação ou redirecionamento de uma área de sua atividade atual.

O mais importante aqui é que você assimile – desse conjunto de informações e dicas – aquilo que mais lhe pareça útil para sua atividade empreendedora e procure instalar esses 'plug-ins' de forma correta, a fim de aumentar as chances de viabilidade em sua empresa ou atividade profissional individual.

1 POR QUE VOCÊ DECIDIU POR ESTA ATIVIDADE?

Em primeiro lugar é importante deixar claro o motivo pelo qual você decidiu empreender nesse ramo de atividade específico. A dica básica aqui é: não se inicia um negócio simplesmente pelo fato de 'gostar' de fazer tal atividade. O gatilho para a montagem de qualquer atividade deve ser a identificação de um determinado '**problema**' a ser resolvido. Costumamos tratar esse '**problema**' como '**dor**'. Você identificou algum grupo de pessoas que sente uma '**dor**' específica? Eis aí então uma boa oportunidade para formatar um negócio.

Se você identificou uma brecha de mercado que está sendo mal atendido ou se você sabe que poderá atuar – naquele nicho – de forma mais rápida, mais eficiente e entregando mais valor aos clientes, então esse é o ponto de partida para a criação de uma atividade empreendedora, seja essa individual ou em forma de empresa. Ou seja, você sabe que um determinado grupo de pessoas está sentido uma '**dor**' e você então vai trabalhar para entregar a '**cura**' para tal situação.

Essa definição é essencial para todas as etapas restantes na criação de seu negócio.

Para ficar mais fácil de entender e valorizar esse conjunto de informações, vamos – paralelamente ao que expomos – supor que estamos a criar uma empresa com base nessas etapas aqui sugeridas.

Vamos supor que você é um veterinário e pretende iniciar um negócio. Qual seria a primeira definição que teria que tomar?

Identificar uma determinada 'dor' a ser aliviada.

Certo, vamos então supor que você identificou como '**dor**' a necessidade de criadores de animais de estimação (pets) proporcionarem aos mesmos uma rotina semanal mais saudável, na qual possam exercitar-se, alimentar-se bem e socializar-se com outros seres humanos e outros pets, tudo isso com segurança, higiene e cuidados que levem em conta atividades físicas, adestramento e acompanhamento veterinário adequado.

2 DEFINA BEM SEU PÚBLICO-ALVO

Também chamado de 'Avatar' ou 'Persona', esse público-alvo deve estar muito bem definido para orientar suas ações empreendedoras no sentido de atender – prioritariamente – aqueles indivíduos que você classificou como a principal clientela de seu negócio. Entenda que a definição do público-alvo tem relação direta com a identificação da 'dor' que o seu empreendimento se propõe a remediar.

Nesse nosso exemplo prático, a partir do momento em que você identificou que a 'dor' a ser aliviada é a de proprietários de pets que não desejam deixar seus animais de estimação trancafiados o dia inteiro, ao mesmo tempo em que pretendem proporcionar aos mesmos uma rotina semanal saudável, fica claro que o público-alvo (Target) de sua ação será o seguinte: '**proprietários de pets, que residem ou transitam próximos à loja, na faixa dos 25 a 50 anos, que gostariam de proporcionar uma rotina semanal saudável aos seus pets, ao invés de deixá-los acorrentados (presos) durante todos os dias da semana no apartamento, enquanto trabalham**'.

Pronto! Você acaba de dar os dois primeiros passos essenciais para a formatação de um negócio que nascerá e se desenvolverá de forma orientada a cumprir esse objetivo.

E, por favor, não negligencie essas duas definições iniciais. A partir dessas duas sacadas, você deverá orientar todas as demais ações de marketing, atendimento, logística operacional, dentre outras. Se você sabe quem é o seu cliente, poderá estudá-lo melhor, conhecer algumas necessidades complementares e ajustar uma série de outras ações em sua empresa visando facilitar a vida de seu Target, o que vai impulsionar o crescimento de sua empresa naquele nicho de mercado.

Mas então quer dizer que vou atender exclusivamente os clientes acima descritos? Não vou atender um cliente que me procure que esteja fora da descrição do público-alvo?

> Você atenderá a todos os que lhe procurarem, mas sua atenção e ações de desenvolvimento estarão orientadas à satisfação das necessidades de seu Target.

A partir do desenvolvimento de soluções para a 'persona', os demais clientes se beneficiarão dessas 'trilhas de atendimento'.

Com apenas essas duas etapas vencidas, o seu negócio ainda não deve ser lançado. Isso porque o ideal é que você cumpra ainda as etapas que passo a descrever a seguir.

3 ESTUDE A LEGISLAÇÃO QUE REGULA SUA NOVA ATIVIDADE

Esse ponto é crucial. Estar ciente da legislação que regula ou poderá interferir no desenvolvimento de suas ações como empreendedor pode ser a diferença entre o sucesso ou o fracasso de seu investimento.

Você não irá querer que todo o seu investimento de tempo e dinheiro seja inviabilizado pelo fato de que montou sua estratégia de atuação contrariando a legislação aplicável.

E quando uso aqui o termo 'legislação', estou fazendo uso da expressão em seu sentido amplo. Por legislação entendemos o conjunto de leis, decretos, instruções normativas, portarias, etc. que são emitidas pelos mais diversos organismos de regulação, sejam governamentais, profissionais, etc.

Uma boa fonte de pesquisa para essa etapa é o Sebrae, que certamente já possui uma coletânea das normas aplicáveis a cada setor de atividade que devem ser respeitadas. Além dessa fonte, recomendo que você faça uma pesquisa de benchmarking.

A aplicação da técnica do benchmarking é algo um tanto complicado, já que empresas concorrentes dificilmente terão interesse em compartilhar informações que são vitais para o seu funcionamento e operação. Para driblar essa possível restrição, você poderá fazer uso de uma pesquisa junto a empresas de outros estados ou municípios, que não concorrerão com o seu empreendimento.

4 VALIDE SEU MVP

A validação do seu Minimum Viable Product – MVP é uma das fases importantes a serem cumpridas. É na fase de validação do MVP que surgem insights, recomendações, dicas e sugestões que podem aprimorar potencialmente sua ideia e seu futuro negócio.

Contudo, é recomendável que receba todo esse feedback de forma bastante crítica e desapaixonada. As recomendações não devem ser mais que isso: recomendações. Lembre-se que você é quem deve julgar a necessidade e oportunidade de acatá-las ou não, parcial ou integralmente. Até porque você será o único responsável pelo sucesso ou fracasso de sua futura empreitada.

A fase de validação do MVP lhe apresentará também a necessidade de aprender profundamente sobre o Know-How de sua futura área de atuação. É fundamental conhecer acerca da origem de seu ramo de atividade. Igualmente importante é estar conectado com o ecossistema no qual opera, principalmente em centros mais evoluídos, em outros estados e países.

5 AVALIE SUA NECESSIDADE DE CAPITAL DE GIRO

Todo negócio leva – em média – cerca de dois anos para começar a gerar retorno além da remuneração do capital investido. Observe que a expressão 'em média' aqui utilizada pressupõe que – eventualmente – você só deve passar a ser remunerado pelo seu negócio a partir do 3º ou 4º ano de operação.

Se você está iniciando um novo negócio se endividando e contando que a partir do 2º mês de operação estará 'vivendo disso', é melhor repensar sua estratégia. A não ser que você já inicie com uma carteira de clientes 'herdada' ou com um grande cliente 'garantido', saiba que muita água vai ter que rolar por debaixo da ponte até que você consiga se manter – exclusivamente – de sua nova atividade empreendedora.

Nessa fase é importante – portanto – avaliar se você terá que contar com algum aporte financeiro. Ou, eventualmente, acertar algum tipo de suporte operacional ou logístico que reduza substancialmente sua necessidade de capital – pelo menos durante os primeiros anos de operação.

Se você estiver pensando em tomar empréstimo em uma instituição financeira, sugiro fortemente que repense sua estratégia. No Brasil, infelizmente, por mais 'barato' que seja o juro, dificilmente será compatível com a performance de desenvolvimento inicial de um pequeno negócio.

Outra atitude vinculada a essa é a sua capacidade de ajustar a atuação da empresa em uma área próxima que identificar que um nicho que antes não havia sido visualizado proporciona ganhos mais efetivos.

O fato é que você deve evitar aplicar 100% de suas disponibilidades financeiras mais empréstimo na primeira tentativa.

É por isso que recomendo que a atividade empreendedora tenha início como 'Plano E'. Ou seja, possa vir a ser executada paralelamente à sua atividade principal. Isso lhe dará fôlego para começar pequeno, não depender de capital externo e financiar a evolução de sua empresa com os próprios recursos. O 'crescimento orgânico' é lento, mas é seguro, ao mesmo tempo em que vai assegurando a aplicação de novas sacadas de forma consistente.

Se você decidir admitir um sócio que possa aportar recursos, trabalhe para que a parcela de capital da qual vai abrir mão não supere os 25% de seu capital. Caso contrário, terá que trabalhar para o investidor. Os modelos de investimento onde o sócio de capital detém mais que isso geralmente não funcionam.

6 DEFINA SUA ESTRATÉGIA ONLINE

Embora sua empresa atue exclusivamente no modo 'off-line', é crucial para o desenvolvimento de sua atividade empreendedora definir e executar uma estratégia de comunicação online eficiente, nas redes que identificar como elegíveis para tal.

Infinitamente mais barato do que investir em publicidade em mídias tradicionais como jornal e TV, por exemplo, as redes sociais possuem atualmente forte poder de penetração junto ao seu Target. Além disso, são perfeitas para que você execute a etapa seguinte, de evangelização de seu nicho de mercado.

Contudo, '**mais barato**' – definitivamente – não significa '**de graça**'. Muitos empresários acham que podem simplesmente postar fotos no Instagram de forma esporádica e amadora e está tudo ok. Não! Manter uma atuação online requer profissionalismo. Isso significa consistência, constância e Know-How.

> O conceito de 'custo' aqui abrange também o tempo que você aplicará nessa atividade.

Pensar que pelo simples fato de não ter que meter a mão no bolso para pagar não significa custo é um erro básico de muitos candidatos a empresários.

O 'custo' de seu tempo é altíssimo. Deixar de pensar o negócio e executar ações que só você pode estar à frente, para eventualmente postar fotos em suas redes sociais, é infligir um elevado custo de operação à sua atividade.

Isso porque enquanto você executa atividades que poderiam ser terceirizadas, deixa de atender clientes e receber insights poderosos que alavancam seu negócio e potencializam os ganhos que advém disso.

A recomendação aqui é que transfira essas atribuições para um profissional ou empresa e foque em pensar estrategicamente sua empresa, concentrando suas ações nas atividades que mais se aproximam de um executivo, ao invés de aplicar energias naquelas atividades que um executor pode realizar.

DICA

Não subestime o rádio! O rádio é o exemplo clássico de uma mídia antiga que está mais atual e atuante do que nunca! Mesmo que seu fim já tenha sido anunciado dezenas de vezes, possui penetração, relevância e é uma mídia em tempo real. Encontrar o programa certo pode lhe trazer benefícios

Última dica desse tópico: atente para o fato de que uma divulgação em mídias online e até mesmo no rádio possibilitam medir o retorno do investimento. Mais ainda se você anuncia um determinado produto ou serviço específico. Mas você deve ter cuidado ao anunciar, porque eventualmente atrairá mais clientes do que será capaz de atender. Aí é tiro no pé!

7 EVANGELIZE SEU TARGET

Com o seu produto ou serviço lançado, você deve cuidar de evangelizar – permanentemente – seu público-alvo. Em bom português, você deve cuidar para repassar informações válidas, REAIS e úteis ao seu público. Especialmente se essas informações agregarem valor ao seu empreendimento.

Cuidado para interpretar o termo 'permanentemente' de forma inteligente. Ou seja, não é adequado 'entulhar' seus clientes com uma montanha de informações. Você corre o risco de saturar seu canal de comunicação e acabará afastando seu Target, que preferirá deixar de seguir seus perfis.

O segredo está no equilíbrio. E no uso inteligente de uma combinação de imagens atraentes com frases que instigam o leitor a buscar mais informações sobre o que tem a dizer. Os textos devem ser apresentados de forma curta, disponibilizando links para artigos mais completos para os que se interessarem em se aprofundar sobre a mensagem.

Como estamos usando um exemplo da criação de uma pet shop, que abriga animais, pense em disponibilizar, por exemplo, informações sobre a Lei de Proteção aos Animais Domésticos. Você sabe que existe uma? Pois bem, a Lei Federal No. 9.605 de 1988 estabelece diretrizes sobre a prática de crimes contra animais domésticos, dentre outras providências.

Um dos crimes previstos nesse diploma legal, por exemplo, é o crime previsto no artigo 32 da referida lei, a saber:

Art. 32. Praticar ato de abuso, maus-tratos, ferir ou mutilar animais silvestres, **domésticos ou domesticados**, nativos ou exóticos

Pois bem... há casos de aprisionamento de animais que podem ser enquadrados como crime ambiental e contra animais, de acordo com o teor da referida lei.

A recomendação aqui não é no sentido que você amedronte as pessoas. Não! Longe disso. Trata-se do simples ato de **INFORMAR**. Até porque muitos desconhecem suas obrigações legais para com a criação de animais domésticos ou domesticados.

Com o seu empreendimento lançado e operando, você deve então estar atento às inúmeras possibilidades de escalabilidade de seu negócio.

E aí valem todas as dicas e recomendações que já trabalhamos aqui e mais outras que você poderá testar e colocar em prática.

Não custa relembrar algumas mais importantes, não é mesmo?

a. Esteja atento às reais necessidades de seus clientes. Assista a forma pela qual chegam à sua loja. Talvez seja interessante bolar um 'drive-thru' de pets, agilizando o processo de entrega e devolução dos bichinhos, enquanto o dono passa em frente à loja indo e voltando do trabalho;

b. Crie o 'táxi-pet', que vai buscar e devolver em casa, aliviando a tarefa diária dos proprietários e ao mesmo tempo, agregando mais receita à sua atividade;

c. Monte uma parceria com a creche próxima. Permita que os pais deixem seus pets junto com os filhos na creche, que manterá espaço para convivência dos bichinhos junto com os kids;

d. Ofereça cursos de adestramento para os pets que se hospedam no seu estabelecimento;

e. Firme parceria com o hospital próximo para levar – periodicamente – os pets treinados para interagir com pacientes. É claro que você terá que receber autorização dos proprietários para atuar com os seus pets nessa ação;

f. Crie eventos 'feiras de adoção' aos finais de semana, divulgando-os em sua rede social. Essa iniciativa potencializa as atividades de seu empreendimento, fidelizando novos clientes e gerando mais receita a curto, médio e longo prazo;

g. Crie eventos diversos como 'desfiles de beleza', 'pet-versários', 'pet-trilhas', e 'pet-gym'. Você pode criar um calendário mensal de atividades e agregar muita receita nova com esse conjunto de atividades que serão desenvolvidas a partir de sua atividade empresarial;

h. Esteja também sempre atento ao fato de que – sempre que possível – você deve encontrar maneiras de construir parcerias e compartilhar recursos. Isso significa que você pode – e deve – encontrar parceiros os mais variados para criar novas oportunidades para vender seus produtos e serviços, oferecendo iguais chances para seus parceiros agregarem valor aos seus negócios;

i. E lembre-se: facilite – **sempre** – ao máximo o pagamento para os seus clientes. Receba em todas as modalidades de cartão, boleto, cheque, etc. Crie planos de fidelização que conferem descontos a partir da 10ª compra, etc. De nada vai adiantar você se esmerar em todas as outras iniciativas se, na hora de receber pelo serviço ou produto, você impuser barreiras ao **ato mais sagrado no empreendedorismo: O ato de receber pela venda de seu produto ou serviço**. Fique atento: cliente maltratado vai buscar outra empresa para consumir.

Bom, creio que essas são as dicas mais básicas e essenciais para que você comece a pensar em construir sua nova iniciativa empreendedora.

SACADA TEM NOME

MARKETING PROFISSIONAL, Posicionamento e Mentoria

Para muitos a estratégia de Marketing Profissional pode soar como algo próximo a propaganda e publicidade. Nada disso. As ações de Marketing Profissional vão desde as mais simples postagens que você faz em suas redes (sociais e profissionais) até à construção de uma imagem de um profissional competente. Esse conjunto de ações vai lhe conferir um determinado posicionamento profissional. Esse posicionamento pode ser bom ou ruim, dependendo do tipo de ações que você execute ou não.

Quer exemplos práticos de ações que podem contribuir para o seu Marketing e Posicionamento Profissional? Vamos lá: seja pontual nos compromissos que marcaram com você. Atrasar-se para reuniões atesta que você não cumpre com suas obrigações. E, por favor, não se desculpe após chegar atrasado. Adote uma vestimenta coerente com o ambiente no qual está frequentando. Zele por sua palavra empenhada. As pessoas precisam saber que você é confiável. Portanto, se pediu emprestado, devolva. Se combinou, aja conforme o combinado. Após anos observando o seu comportamento, as pessoas vão montar uma imagem mental de quem é você e creia, isso faz uma enorme diferença na hora de ser convidado para participar de projetos profissionais, por exemplo.

Talvez você não seja suficientemente disciplinado para seguir todas as regras que podem te posicionar de forma adequada, pessoal e profissionalmente. Se é esse o seu caso, aconselho-o a contratar um mentor. Há inúmeros profissionais que atuam como mentores profissionais, atualmente. E como escolher um bom mentor? Simples: observe quem é e o que alcançou até hoje. Observe com quem ele ou ela se relaciona profissionalmente. É um investimento que se paga, indubitavelmente.

MONETIZAÇÃO

Trata-se do ato de transformar algo em dinheiro. Muitos empresários deixam escapar inúmeras oportunidades de monetização e perdem rios de dinheiro. Pior: ao desprezarem, por falta de visão ou de conhecimento, as chances de monetização, inviabilizam a sustentabilidade de suas atividades e acabam fechando as portas.

Para otimizar as chances de monetização, temos que prestar atenção ao negócio. Mesmo que você já seja um empresário de sucesso, com muitas lojas, e pense que não há mais o que fazer para alavancar suas receitas, talvez essa ideia mude ao implementar algumas das sacadas que estou te trazendo aqui neste capítulo.

Vamos a um exemplo concreto? Ok! Sou fã de uma determinada marca de calçados, que estreou no mercado com um estilo e design bastante atraentes. Acabei comprando uns três pares. O último veio com dois pares de cadarços, em cores diferentes. Aí perguntei por que os outros não vinham com mais de um par de cadarços, com cores distintas, também. A resposta? Porque não!

Plim! Eu de pronto falei que essa seria uma oportunidade de monetização. Ou seja, eles poderiam oferecer – como item adicional em sua cartela de produtos – os cadarços adicionais. Certamente a margem de lucro que eles obteriam com esse item seria muito maior do que a margem gerada pelo produto principal, que são os calçados. Sabe o que a loja fez? Nada!

Quer um exemplo fantástico de monetização bem-sucedido? Vamos lá! Uma das redes de fast food vende um shake com achocolatado que é muito gostoso. Quando você faz o pedido, a pessoa do caixa pergunta: "Quer uma porção extra de achocolatado por mais R$ 1,00?" Aí você avalia: Putz, só mais um real? E vem à sua boca o gostinho de mais daquele achocolatado crocante. Então você decide: Ponha mais duas poções extras, por favor!

É possível então, monetizar o grátis? Claro! Você provavelmente já instalou algum antivírus gratuito, não? Então sabe que a versão free oferece um nível de segurança contra uma parte dos vírus, mas somente contra aqueles vírus que se parecem com um cachorrinho chihuahua. Se você quiser proteção contra aqueles vírus tipo Pitbull, aí poderá migrar para a versão paga.

Então, se você tem um pequeno negócio, em vez de gastar uma grana (que você não tem) anunciando, talvez seja mais eficiente você distribuir tickets de um produto grátis para quem comprar um determinado valor. Restrinja a oferta aos dias da semana em que as vendas são menores para otimizar seu tempo e espaço.

O licenciamento de uma marca é um dos milhares de exemplos de monetização. Já falamos aqui sobre esse modelo de negócios. A dica é: esteja atento. Pesquise, estude modelos de monetização. Faça um benchmarking e veja quais os modelos podem ser adaptados à sua profissão ou ao seu negócio.

12

Plug-ins de escalabilidade

4 atitudes necessárias à escalabilidade

"Há apenas uma maneira de evitar críticas:
não fazer, não falar e não ser nada."

Aristóteles

Este capítulo tratará de algumas das principais dicas relativas às ações que você deverá implementar para instalar os '**plug-ins**' da escalabilidade. As sacadas que descrevo aqui servem tanto para você que acaba de colocar seu negócio no '**modo on**', quanto para você que já é empreendedor há bastante tempo e tem interesse em acelerar a performance de sua equipe e, consequentemente, elevar o faturamento de seu negócio.

Vamos abordar uma série de atitudes necessárias para a Escalabilidade, tais como Qualificação, Delegação, Automação e Reinvenção. Esses quatro plug-ins são essenciais para se atingir o nível de evolução em sua atividade que lhe permitirá – literalmente – enriquecer dormindo.

Como já foram devidamente identificadas, vamos tratar de cada uma dessas qualificações em seu negócio. A abordagem será a mais objetiva possível.

1 PLUG-IN DE QUALIFICAÇÃO

Qualificar sua equipe e seus processos é uma das principais iniciativas que você deverá realizar. Essa atitude providencial determinará o quão eficiente será sua operação. E a relação entre qualificação de seus processos e sua equipe se mostrará diretamente proporcional à performance de satisfação de seus clientes e consequente geração de receita que seu negócio performará.

E aqui reside uma das diferenças que constatamos entre 'donos de empresas' e empresários. Isso mesmo. Nem todo 'dono de empresa' pode ser considerado empresário. E a decisão de qualificar a equipe e processos é uma das indicações diferenciadoras entre um e outro.

Muitos 'donos de empresas' encaram os processos de qualificação como um custo. Já os empresários enxergam as ações relacionadas a tal plug-in como um investimento não apenas necessário, mas essencial.

> Essência é aquilo que corresponde à mais importante característica de algo. Ou seja, se você retira de algo a sua essência, você anula aquilo, que passa a ser outra coisa.

Há uma frase (autor desconhecido) que é repetida incansavelmente nos mais variados ambientes profissionais, que diz mais ou menos o seguinte: "Se você acha que é caro contratar um bom profissional, experimente contratar um incompetente!". Essa frase traduz muito bem a recomendação sobre a importância de manter, em seu quadro de colaboradores, profissionais bem qualificados em suas respectivas áreas de atuação.

DICAS

E aqui ficam duas recomendações essenciais sobre esse ponto:

- Por mais qualificado que seja um determinado profissional, ele ainda requererá uma rotina permanente de treinamento e (re)qualificação pessoal e profissional. Como a inovação é uma constante em nosso mundo, a necessidade de atualização também se faz presente de forma contínua.
- Pode ser que o seu negócio não comporte a contratação dos melhores profissionais que o mercado oferece. Contudo, é sempre possível qualificar aqueles colaboradores que se revelem compromissados com essa configuração mental de evolução contínua.

Os 'donos de empresas' consideram o gasto com treinamento um custo. Já os empresários classificam o desembolso com ações de qualificação profissional como um investimento indispensável para sua empresa.

A Revista Exame publicou em sua versão online, em abril de 2016, o resultado de uma pesquisa realizada pela empresa de consultoria Accenture, que ouviu cerca de 24.000 consumidores em 33 países, sendo que desses, 1.300 estavam no Brasil. A pesquisa foi realizada entre agosto e setembro de 2015. O resultado foi a seguinte constatação:

"Por conta do mau atendimento, 86% dos consumidores locais passaram a comprar de outros fornecedores durante 2015. A debandada poderia ter sido evitada pelas companhias em 92% dos casos, segundo o estudo.

Entre as soluções que poderiam alterar esse quadro, de acordo com os entrevistados, está a resolução de problemas no primeiro contato, a oferta de um melhor atendimento presencial..." (Revista Veja, Abril de 2016, grifo meu)

Ficou claro para você?

O mais interessante é verificarmos que milhares de empresas investem 'zilhões' em campanhas de publicidade e são negligentes com a qualificação de seus times, que poderiam **simplesmente** atender melhor seus clientes.

Você já deve ter visto um comercial lindo de uma companhia de telefonia celular (você achou?) que promete um paraíso em ligações, aparelhos grátis, internet mais rápida que a velocidade da luz, etc. etc. etc...

E quando você vai a uma das lojas para comprar seus serviços? Aquela senha que você retira... o tempo de espera... o mau atendimento... aquele celular anunciado que 'tem, mas tá faltando'?

E quando você – ainda assim – acredita que 'vai dar tudo certo' e, até por falta de opção, 'compra' aquela ideia que lhe foi passada, quando tenta usar o serviço, o que ocorre? Bom, eu não preciso dizer mais nada, certo?

Esse paralelo, que fica evidente, mostra o quão distante pode estar a 'propaganda' da realidade. Evidencia também que, se a referida companhia tivesse canalizado a verba da publicidade para a melhoria de seus serviços, não precisaria ter que anunciar absolutamente nada.

A partir do momento em que uma determinada empresa presta serviços com excelência, seus clientes se transformam em seus melhores vendedores!

A dica então é: você e sua equipe devem estar em constante estágio de evolução, por meio de treinamentos, os mais variados. Isso inclui cursos, seminários, congressos, missões empresariais, videoaulas, dinâmicas, benchmarking, palestras, etc.

Se você, sua empresa e sua equipe não estão – permanentemente – melhorando, significa que estão sendo atropelados pelos concorrentes que abraçam a modernização e a inovação como parte de suas rotinas diárias.

2 PLUG-IN DE DELEGAÇÃO

Se você se dedicou religiosamente à qualificação de sua equipe, bem como à atualização de seus processos, a etapa seguinte será a instalação do '**plug-in**' da Delegação. Isso porque para delegar uma determinada tarefa a um subordinado, você precisa ter certeza de que ele será capaz de cumprir – satisfatoriamente – com a incumbência que está sob sua responsabilidade.

O '**plug-in**' da Delegação se constitui, portanto, num dos requisitos essenciais para que a empresa passe a experimentar um crescimento sustentável. Isso porque a partir do momento em que você transfere – por meio da delegação – atribuições que antes eram suas para um colaborador qualificado assumi-las, passará a gozar de mais tempo livre para as ações que realmente requerem sua atenção, tais como o planejamento de médio e longo prazo.

Atente para o fato de que a delegação exigirá o necessário acompanhamento ou monitoramento das ações que foram delegadas. Até para que os resultados possam ser medidos e eventuais ajustes possam vir a ser implementados.

Por exemplo, se você delega atribuições na área financeira, como pagamento de contas, deverá estabelecer uma rotina diária ou semanal para 'auditar' todos os procedimentos que foram realizados, sob pena de ficar exposto a eventuais fraudes como desvios, por exemplo.

Outra maneira de encarar a situação é por meio da delegação fracionada. Na área financeira, pode funcionar muito bem. Uma forma de fazer isso é delegar o agendamento de pagamentos a um colaborador, mas centralizar a 'assinatura' eletrônica somente com uma senha de seu exclusivo conhecimento.

O importante aqui é perceber que quanto mais bem-sucedidas forem suas ações de delegação, mais apto estará seu negócio para atingir a escalabilidade. Isso porque a delegação é etapa crucial para que você passe da condição de 'executor' para a de 'Executivo'.

3 PLUG-IN DE AUTOMAÇÃO

A partir da qualificação de pessoas e consequente delegação de tarefas, o passo seguinte será a instalação do '**plug-in**' da Automação de processos. A automação de alguns processos e procedimentos internos se constitui em forte vetor para alavancar a atividade empresarial, que certamente permitirá que seu negócio ganhe com velocidade, redução de custos e melhoria de performance.

A recomendação aqui vale para os processos mais simples até os mais complexos. Porque não importa a complexidade, já que a ausência de rotinas automatizadas rouba tempo do mesmo jeito. A automação de processos contribui também para a eliminação de etapas de retrabalho, que drenam a energia e os recursos de sua empresa na execução de tarefas repetidas vezes.

Vamos detalhar pelo menos um exemplo de automação que você pode instalar em seu negócio, que vai economizar tempo para a realização de ações mais nobres de muito mais relevância (porque geram mais receita, melhoram o atendimento e garantem a continuidade de seus negócios no médio e longo prazo):

Se você tem um restaurante, substitua as 'comandas' (pedidos) em papel por sistema eletrônico, que permite ao garçom comandar o pedido da mesa do cliente direto para a cozinha ou bar.

Economia de tempo: o tempo de deslocamento do garçom da mesa ao bar ou balcão passará a ser aplicado diretamente na atenção que ele passará a dar aos clientes. Não subestime essa economia de tempo, que vai retornar em forma de uma melhor percepção de atendimento por parte de sua clientela.

Contrate auxiliares de garçons para que as tarefas de entregar pratos e limpar mesas sejam executadas por esses profissionais. Gere velocidade e eficiência no atendimento.

Redução do retrabalho: o próprio sistema acumula os pedidos de cada mesa, gerando um relatório detalhado que servirá tanto para o restaurante quanto para o cliente conferir. Isso agiliza o atendimento, economiza tempo e melhora a confiabilidade de seu negócio.

Todas essas medidas implantadas acabarão gerando em ganhos os mais variados. Detalho a seguir, alguns desses:

Ganhos para o cliente: recebe mais e melhor atenção do garçom; espera menos para receber o pedido; tem uma sensação melhor de seu estabelecimento.

Ganhos para os colaboradores: mais conforto com a realização de tarefas mais relevantes, com mais foco e zero retrabalho; maior remuneração pelo fato de gerarem mais satisfação ao cliente.

Ganhos para a empresa: redução de custos com retrabalho; melhoria na qualidade do atendimento ao cliente; aumento da eficácia na montagem de contas a serem apresentadas aos clientes; redução do risco de fraudes e desvios; aumento da receita com a elevação do ticket médio (clientes satisfeitos consomem mais); aumento da receita com a redução do desperdício de tempo ocioso nas mesas (o atendimento instantâneo gera mais rotatividade em horários de pico).

Sacou? São ações simples! Mas que geram ganhos para todos!

Você tem que estar com sua mente aberta para o fato de que seu negócio – no ano que vem – terá que ser bem diferente do que é neste ano.

O 'plug-in' da reinvenção tem que estar impregnado em seu modo de pensar e de agir. A partir do momento em que você incorpora a inovação em seu dia-a-dia, terá que realizar movimentos no sentido de implementar a transformação permanente de seu negócio visando a perpetuação de sua atividade empreendedora.

E aí – nesse estágio de sua evolução como empresário – terá que fazer uso de todas as lições que aprendeu neste livro e em mais uma série de experiências, pesquisas, testes e viagens que já realizou.

Importante salientar que a inovação é irmã da criatividade. Ou seja, nem sempre – ou na maioria das vezes – inovar requer elevado investimento. Como já falamos em capítulos anteriores, a ação de inovação pode estar em ações simples e até mesmo gratuitas.

Vamos para um exemplo (ideia) simples de inovação?

Ok, vamos lá:

Suponhamos que você tem interesse em vender camisetas personalizadas para uma clientela bem definida. Vamos pensar que você é um estudante universitário de arquitetura, praticamente sem grana, mas com a ideia bastante definida de seu público alvo (target), problema (dor) e estratégia...

Mesmo sem grana, você pesquisou na internet e aprendeu a técnica de sublimação para imprimir figuras em camisetas de algodão. Percebeu que é algo relativamente simples e, melhor, barato! O que você precisa são equipamentos como um notebook com programa de design e uma impressora (que você já tem); e uma máquina de aplicação térmica, que você vai conseguir comprar usada, financiada.

Mas e aí?

Como fazer para conseguir vender suas camisetas para seus colegas de faculdade (target)?

Aí vem a sacada! Você vai até o barzinho próximo à faculdade. Se apresenta como estudante e propõe uma parceria ao dono do bar. A parceria consiste no jogo do 'ganha-ganha', onde ganhará o dono do estabelecimento, ganharão os clientes (seus colegas, inclusive) e ganhará você, claro!

A ideia é a seguinte:

- Você se propõe a dar uma repaginada bem descontraída no ambiente interno daquele bar. Como você já fez a disciplina de interiores, tem algumas ideias que podem ser postas em prática e com o uso inteligente – inclusive de materiais reciclados – vai dar aquele 'tapa' no visual do bar, deixando-o mais atraente, confortável e mais parecido com a 'vibe' do principal público frequentador. Você deixa evidente que muitos colegas já comentaram com você sobre o visual 'deprê' que o bar possui até então;
- Em troca dessas dicas e alguma execução de um novo layout bem descontraído, você negocia a possibilidade de usar um cantinho da loja para montar seu 'showroom' de camisetas. Aí, com o auxílio de seu notebook, poderá criar – ali mesmo – as estampas que são imediatamente aplicadas nas camisetas que você tem à venda.

Onde estão os ganhos da operação 'ganha-ganha'? Vamos lá:

- O bar ganha com maior permanência de clientes. Ganha também porque a clientela que havia abandonado o local voltará a frequentar quando souber que além de mais atraente o visual, há uma 'novidade' rolando por ali;
- O target ganha ao receber mais valor e serviço do que antes. Ambiente mais descontraído e mais uma opção de se vestir conforme suas ideias, de forma exclusiva e personalizada!
- Você ganha, porque passa a ter uma experiência de empreendedorismo alavancada, sem ter que investir em uma loja física.

Percebeu como a criatividade e a inovação são importantes para o desenvolvimento e manutenção de um negócio?

E você acabou impactando – positivamente – a atividade empreendedora de um terceiro, incubando nesse outro empresário o vírus da inovação e transformação. Esse empresário acabou reinventando seu espaço, gerando mais valor aos clientes e à sua própria atividade empreendedora.

Espero que essas ideias lhe sejam úteis.

SACADA TEM NOME

NETWORKING

Uma tradução livre, adaptada ao mundo profissional, pode ser algo como 'rede de contatos'. O Networking é um ativo intangível que pode agregar muito valor à sua carreira e ao seu negócio. Mesmo que você não seja um empreendedor ou trabalhe como autônomo, uma rede de contatos profissionais de alto valor pode te garantir convites para cargos em empresas que estão selecionando profissionais, por exemplo.

É óbvio que você somente construirá uma rede de relacionamentos efetiva se tiver a capacidade de gerenciar muitos outros ativos já tratados aqui neste livro, como marketing pessoal e profissional, para citar apenas um.

Tenha sempre em mente que Networking não é algo para se acionar somente quando se precisa de um favor ou indicação, por exemplo. Pelo contrário! Se você está há anos sem falar com um determinado colega e entra em contato engatando de imediato uma solicitação, qualquer que seja, isso vai soar como algo próximo ao oportunismo, na pior acepção da palavra.

Portanto, atente para o fato de que é preciso dar atenção, cultivar e desenvolver relacionamentos ao longo de sua carreira. Quer algumas dicas sobre como desenvolver um Networking pessoal e profissional adequado? Vamos lá:

- Atente para a necessidade de expressar-se bem. Escreva e fale corretamente. Isso vale para postagens em redes, incluindo aqui as mensagens no WhatsApp. Zele por sua imagem como pessoa culta e inteligente, atualizada com o que ocorre no cenário político, econômico e social.
- Seja autêntico. A artificialidade e a tentativa de copiar serão sempre detectadas e sua imagem pessoal ficará prejudicada.

- Evite tecer comentários pejorativos em relação a outros colegas. Quem fala mal de 'a' para 'b', certamente falará mal de 'b' para 'c'. Atue com ética profissional.
- Não utilize seu Networking para roubar clientes de antigos parceiros, por exemplo.
- Respeite a diversidade em todas as suas formas. O direito que o outro tem de ser quem é, é o mesmo que você tem de ser quem você é.

NICHO, Target e Público-Alvo

Importante você atentar que, especialmente se você tem recursos limitados, terá que concentrar suas energias e atenção visando atender um determinado nicho de mercado.

Um nicho de mercado se constitui em um determinado segmento de atividade ou público específico. Esse 'alvo' geralmente possui um conjunto de determinadas necessidades únicas. Explorar essa segmentação, que é geralmente ignorada pela maioria das demais empresas, pode significar atuar sem concorrentes.

A estratégia de atuação em nichos de mercado permite aos pequenos negócios explorar parcelas de mercado, posicionando-se com esse diferencial competitivo que garantirá taxas de retorno acima do que experimentaria se optasse por vender para uma base ampla, sem a definição de um público-alvo específico.

13

Rituais de alta performance do líder

Características e o Comportamento de uma Liderança de Resultados

"A zona de conforto é um lugar que muitos gostam de ficar. Mas nada de importante acontece por lá."

Juracy Soares

Vamos conversar, agora que entramos na reta final, um pouco sobre Rituais de performance do Líder. Mas, antes, tenho que acalmá-lo... Não vamos falar sobre ritos religiosos ou de cultos de qualquer natureza. Não! Fique tranquilo...

O que quero salientar quando falo sobre rituais de alta performance do líder são que tipo de ações, comportamento, configuração mental, postura e posicionamento são necessários para que um líder se mantenha apto a comandar times de alta performance e escalabilidade.

Vamos tratar de algumas dessas características:

1 MENTE ABERTA À MUDANÇA E INOVAÇÃO

O líder de alta performance possui uma mente aberta ao novo. Sabe que o que funciona hoje provavelmente não funcionará muito bem num futuro próximo. Percebe que a nova geração de clientes exigirá um comportamento diferente do que a atual geração de clientes espera de seu negócio.

Esse líder empreendedor tem plena convicção de que aquela frase 'sempre funcionou assim' é uma sentença de morte para qualquer empresa.

Para lembrar-se sempre que inovar é algo extremamente necessário, o líder sabe que é imprescindível realizar conexões com outras empresas do mesmo segmento, mas que atuam em regiões (ou países) mais desenvolvidas que o seu local de atuação.

Nesse sentido, participa de missões empresariais em outros estados e em outros países. Reserva – periodicamente – pausas para estudar novos mercados, analisar novos nichos e aprender com empresas do seu e de outros setores.

2 COMUNICA-SE BEM COM SUA EQUIPE

A habilidade de comunicar-se com toda a sua equipe de coordenação é um ponto essencial para o líder. Ao desenvolver essa expertise, o líder passa a se conectar melhor com seu time e é capaz – não só de falar – mas principalmente de ouvir.

Ao estabelecer um canal franco de comunicação, o líder envolve todos os membros do time. Os encontros devem privilegiar uma comunicação real, onde – apesar de haver uma pauta definida – todos são estimulados a contribuírem com ideias.

Esses encontros devem ser realizados com uma frequência bem estabelecida, a fim de permitir um prévio planejamento de agendas por parte de toda a equipe. Se o horário da reunião semanal é segunda-feira às oito horas, todos sabem que não poderão marcar reuniões naquele dia e horário.

Uma forma interessante de iniciar esse processo de comunicação – principalmente com os novos integrantes da equipe – é contar a história da empresa. Falar sobre como surgiu e se desenvolveu aquele negócio gera empatia e aproxima os colaboradores.

Para que o líder alcance tal objetivo, deve abraçar o ritual de aprimorar-se nas técnicas de comunicação. Se você não se considera apto... Se você não se considera um bom comunicador, a boa notícia é que há bons profissionais que ensinam técnicas fantásticas! Vá em frente! Será bom para você, bom para seu negócio, bom para seu time e bom para seus clientes!

Estabelecer metas inteligentes para a equipe é apenas uma das formas de se atingir isso. E sempre que o assunto são metas, muitos profissionais tremem. Isso porque é comum empresas estabelecerem metas impossíveis de serem cumpridas. Noutros casos, sequer fornecem as condições para tal conquista.

Ao se estabelecer um conjunto de metas, é necessário estar ciente de que são alcançáveis e que a equipe está devidamente treinada e orientada para o cumprimento da referida meta.

Importante também atentar para o fato de que a meta deve gerar sustentabilidade a médio e longo prazo para a empresa. Se você define como meta dobrar as vendas, mas quando os pedidos chegarem, você não tiver as peças em estoque, o que você fez?

Por isso, o mais importante a fazer aqui é ir trabalhando metas que possam ser atualizadas levando em conta os diversos fatores que impactam em seu cumprimento.

Por exemplo, se você vende picolé, talvez não seja inteligente definir como meta dobrar as vendas na época do inverno, correto? Também não será inteligente descuidar da produção quando o verão chegar e os pedidos vierem, mas sua capacidade operacional estiver esgotada.

Na verdade, o trabalho orientado a resultado é muito mais que simplesmente fixar metas e trabalhar para atingi-las. É necessário focar na determinação da equipe, fornecendo todas as condições para que atuem na direção do objetivo indicado.

Ou seja, adianta muito pouco o trabalho desorientado. A coordenação dos esforços na direção das metas é essencial para o sucesso.

O verdadeiro líder – portanto – atuará próximo de sua equipe, avaliando resultados e reavaliando metas. Ajustará todas as variáveis que estiverem ao seu alcance para que a equipe possa entregar os melhores resultados possíveis, beneficiando-se também – todos – do fruto desse verdadeiro trabalho de equipe.

4 OTIMIZA SEU TEMPO NA EMPRESA

O tempo é algo que iguala a todos em um certo aspecto. Todos temos o mesmo tempo, todos os dias. A maneira como aplicamos nosso tempo – contudo – é o que vai nos diferenciando ao longo de nossas vidas.

Muitas pessoas apontam para indivíduos de sucesso e afirmam que são 'sortudos' ou que possuem um 'dom' para determinadas capacidades. Contudo, só estão a perceber o resultado de muitos anos de sacrifício e dedicação a um objetivo.

A maioria desejaria ter a vida de seus ídolos. Mas posso apostar que 99% desses não suportaria uma única semana dos sacrifícios que esses ídolos fizeram e que ainda fazem em prol de suas carreiras.

O certo é que a aplicação correta desse valioso ativo chamado 'tempo' é um dos segredos para uma vida orientada ao alcance dos objetivos traçados.

Aplicar seu tempo executando tarefas que devem ser entregues a colaboradores seria o maior de seus erros.

O líder desenvolverá uma capacidade de avaliar quais são as tarefas que ele deve coordenar, quais deve delegar, e quais são aquelas cruciais que requerem sua atenção e ação como executivo.

5 APLICA TEMPO CONSIGO MESMO

Ao desenvolver a habilidade de gerenciar seu tempo, otimizando sua rotina na empresa, o líder deve reservar tempo para aplicar para si.

Na verdade, são 'tempos'. Tempo para cuidar de sua saúde; tempo para estudar e atualizar-se profissionalmente; tempo para a prática de atividades físicas; tempo para sua família; tempo para viajar.

Parece muito 'tempo'. Mas se você dominar todas as técnicas que já foram explanadas até aqui, essa conquista será mais fácil do que você imagina.

E se você negligenciar essas recomendações, sinto dizer que você terá péssimas experiências pela frente.

A sanidade mental e corporal é algo de extrema importância para um líder que tem uma elevada carga de stress diariamente. Iludir-se pensando que não pode delegar ou se ausentar para cuidar de si mesmo é uma armadilha fatal que cobrará – mais cedo do que você imagina – um elevado preço a você e, consequentemente, de sua família e negócio.

6 É FIRME NO COMANDO

Vacilar, ser complacente, negligente ou desatencioso com sua equipe são alguns dos principais defeitos que um líder pode apresentar no comando do time.

O cumprimento de prazos, horários e compromissos, internos e externos, são itens de extremo valor para a empresa.

Ao tergiversar com membros da equipe que falham em alguns desses pontos, o líder passará uma mensagem de fraqueza que o desacreditará definitivamente para o resto de sua gestão.

O comando deve ser firme, sem necessariamente ser autoritário. As regras devem estar claras para toda a equipe. A reincidência no descumprimento deve ser tratada reservadamente com o membro faltoso imediatamente após a ocorrência.

Essa regra na qual os elogios devem ser feitos em público e as repreensões em reservado é fundamental para que cada membro da equipe tenha plena consciência de seu papel, reconhecendo direitos e deveres.

Num ambiente em que as regras são claras e objetivas, a atuação responsável de cada membro é algo a ser valorizado.

O líder deverá se capacitar – continuamente – a atuar como um comandante de uma equipe em que os membros conheçam seus objetivos, sintam-se devidamente capacitados para atingi-los e tenham liberdade para propor ideias que possam aprimorar o ambiente de trabalho.

7 RECRUTA E RETÉM TALENTOS

O líder de alta performance desenvolve a habilidade de identificar, recrutar, desenvolver e reter talentos. Porque tem absoluta convicção que a performance da empresa será diretamente proporcional à qualidade de seu time.

Nesse sentido é primordial estar atento à realidade do mercado visando promover um conjunto de atrativos que possam posicionar sua organização como relevante nesse cenário competitivo.

Importante salientar que nem só de salário deve ser composta a cesta de benefícios. O clima interno, a liberdade para apresentar ideias e tocar projetos e o reconhecimento são apenas alguns dos fatores que pesarão na hora de um 'jogador' do time decidir se fica ou não, ao receber – por exemplo – proposta de uma outra empresa.

A sustentabilidade desse conjunto é outro item importante a ser ponderado. Há situações nas quais a garimpagem por talentos eleva sobremaneira o 'sarrafo' e acaba por gerar realidades insustentáveis para as empresas que se apressam e apresentam planos de benefícios onde o custo supera os resultados possíveis de se obter.

8 APRENDE COM LÍDERES VISIONÁRIOS

O líder de alta performance desenvolve o hábito de pesquisar e conhecer mais sobre ícones do empreendedorismo.

Nessa linha, conforme seja sua preferência, poderá ler as biografias, assistir aos filmes sobre essas personalidades, dentre outras iniciativas que lhe permitam aprender com os mais bem-sucedidos empresários de todos os tempos.

O importante aqui é conectar-se e extrair aquilo que observar de bom em cada um desses exemplos de empreendedores de sucesso.

A lista – de filmes, livros e audiolivros – que eu poderia deixar aqui é enorme. Mas este é um assunto para o próximo capítulo.

O mais interessante em podermos compartilhar as obras que lemos e que nos inspiram é o fato de fortalecermos uma comunidade orientada à troca de ideias focadas em empreendedorismo.

Espero você no próximo capítulo.

PARCERIAS

Embora o termo venha sendo utilizado de forma bastante generalizada e fora do contexto, é importante aqui tratarmos de como a utilização de boas práticas de parceria pode impactar, positivamente, sua carreira e seus negócios. Semelhante ao que o Networking pode fazer em nível pessoal, práticas assertivas de parceria podem alavancar as vendas de sua empresa, por exemplo.

É fundamental aqui chamar a atenção para o fato de que as parcerias podem ser realizadas até mesmo com concorrentes. Isso! Quer um exemplo? As redes de supermercados, que se organizam como centrais de compras, são um 'case' comprovado de sucesso em todo o país. Percebeu? Os concorrentes se unem para comprar – todos juntos – itens de grandes indústrias que, se fossem demandados de forma isolada, seriam vendidos por preços bem acima daqueles que os pequenos conseguem obter em conjunto.

Se é possível realizar e pôr em prática projetos de parcerias até com concorrentes, é evidente que com empresas não concorrentes fica muito mais fácil. A dica aqui é ser criativo, mostrar-se aberto às propostas e avaliar sempre como a aproximação pode ser benéfica para agregar valor às duas ou mais entidades envolvidas na parceria. Tem que ser um jogo de ganha-ganha.

STARTUPS

Outro termo que ganhou visibilidade a partir da revolução da indústria 4.0, que já falamos aqui. Em essência, deveria denominar um determinado tipo de empresa com uma modelagem de atividade que é facilmente replicada, com alta escalabilidade, capaz de alavancar nessa nova Economia Disruptiva.

Infelizmente o termo vem sendo aplicado a toda e qualquer nova empresa, principalmente se tiver seu negócio baseado em tecnologia.

A dica que tenho para lhe dar aqui neste tópico é: não se fixe – obrigatoriamente – em construir um negócio que seja essencialmente uma Startup. Há vida empreendedora fora desse conceito.

14

Inspire-se e ENRIQUEÇA DORMINDO

Dicas de fontes de inspiração

"Um plano razoável executado hoje é melhor que um plano perfeito que sempre fica para a semana que vem."

George Patton

Pois bem, essa etapa de escrita chega à sua completude. Será? Não. Creio que não. Mas, por enquanto, pelo menos em relação à iniciativa da fase inicial para o lançamento desse projeto, estamos chegando ao último capítulo.

Tenho muito mais a comunicar. Tenho muitas outras informações, dicas e ideias a compartilhar. Contudo, sei também que em uma única obra não há como conseguir isso. Com o passar dessas semanas nas quais me comprometi a entregar esse produto, fui me apaixonando por mais essa nova iniciativa que descobri amar.

Com a evolução dos capítulos, novas ideias foram surgindo e o que seria um livreto de quatro capítulos, foi se transformando em algo bem maior e com muito mais informação do que estava originalmente previsto.

É importante também frisar que a repercussão dos leitores online me impulsionou e – de certa forma – me obrigou a fazer mais do que antes estava projetando fazer.

Decidi então parar – por enquanto – no 14º capítulo. Escolhi o número 14 porque o 7 representa muito para mim. Então, algo que se relacione com o 7 será sempre uma lembrança das conexões que a vida vem me apresentando.

Contudo, o objetivo é manter a ideia viva e gerar mais interatividade. Estamos com um website especificamente para abrigar a continuidade dessa obra. O site www.enriquecadormindo.com.br se transformará em uma comunidade online que orbitará em torno da ideia de empreendedorismo.

Bom, mas vamos ao que nos move em relação ao último capítulo...

Vou deixar aqui algumas dicas simplesmente fantásticas de alguns livros e filmes que vão te acrescentar muitas sacadas impressionantes, que vão mudar sua forma de ver a atividade empreendedora.

Vou listar apenas alguns de meus livros e filmes preferidos aqui neste capítulo. À medida em que vou indicando o livro ou filme, vou deixar uma brevíssima dica de pelo menos um ponto que mais me chamou atenção na referida obra. Contudo, há muito, muito mais! Mas vou deixar isso para você se deliciar com a descoberta que acontecerá com o ato de ler, ouvir ou assistir. Vamos lá?

Vou começar pelos livros e audiolivros. Sim! Algumas dessas obras literárias geniais estão também disponíveis em forma de audiolivros. Isso significa que você poderá "ouvir" o referido livro enquanto caminha, pega o metrô, pedala, dirige, cozinha, etc.

Eu, particularmente, já "ouvi" alguns desses audiolivros até quatro vezes, para relembrar muitas lições geniais. E sempre me delicio com a narrativa própria que cada uma dessas obras oferece.

Bom, vou deixar de fazer tanto 'spoiler' por aqui e vamos direto ao assunto. Eis aqui alguns dos meus livros e filmes favoritos, no tocante às técnicas de empreendedorismo.

Como eu gosto muito do número "7", vou dar sete dicas de livros ou audiolivros e sete dicas de filmes.

LIVRO OU AUDIOLIVRO

1. Como fazer Amigos e Influenciar Pessoas – Dale Carnegie. Este best seller internacional já vendeu mais de 50 milhões de cópias em centenas de idiomas. Este livro (e audiolivro) mudou minha vida, ao me ensinar muito sobre como me portar em situações em que a inteligência emocional tem que prevalecer. Se você quer aprender a gerenciar situações e se relacionar com pessoas complicadas, esta obra-prima vai te levar para um outro nível. Você vai revisitar esta obra pelo resto de sua vida.

2. Você é do Tamanho de Seus Sonhos – César Souza. Essa obra vai reacender em você a energia para reviver sonhos que estavam adormecidos. O autor trabalha de forma magnífica a mensagem que se propõe a passar desde o título do livro, e o faz de modo magistral. Usa exemplos de sua vida e de grandes sonhadores (empreendedores) que são exemplos para o mundo.

3. 3 Minutos para o Sucesso – Ricardo Bellino. Se não fosse uma história real, certamente muitos leitores iriam jurar que a trajetória era surreal e impossível de se materializar. Mas o fato é que o autor conta em detalhes como que – absolutamente sem dinheiro – fez negócios com Donald Trump e Jonh Casablancas, nas áreas Imobiliária, Moda e Social. É item indispensável em sua lista.

4. A Estratégia do Oceano Azul – W. Chan Kim e Renée Mauborgne. A obra define o Oceano Azul e o Oceano Vermelho como ambientes sem competidores e com muitos competidores, respectivamente. Os autores ensinam estratégias para transformar seu negócio de forma a atuar em ambiente sem competidores. Do contrário, sua empresa terá que competir em ambiente ultra saturado, obrigada a atuar baixando preços até corromper suas margens de lucratividade.

5. O que os Ricos Sabem e não Contam – Brian Sher. O autor trabalha conceitos fantásticos, com uma linguagem simples e bastante objetiva. Uma das principais dicas que recebi ao ler o livro foi a sacada da sistematização. Ao perceber que eu deveria aplicar esse conceito em minha vida e em minhas atividades empreendedoras, percebi que poderia ganhar meses em semanas! Esse é mais um livro que merece pelo menos umas três leituras.

6. Free – Grátis: O Futuro dos Preços – Chris Anderson. O autor faz uma abordagem muito prática e ensina o passo-a-passo para diversas formas de ganhar dinheiro com produtos e, principalmente, serviços gratuitos. Você vai aprender muito sobre o conceito de monetização e poderá aplicar as dicas imediatamente, seja qual for sua atividade e nível de renda e instrução.

7. Trabalhe 4 Horas por Semana – Timothy Ferris. Esse livro é muito radical na maioria de seus conceitos e ideias. Mas vale muito a leitura, porque você será transportado a uma nova dimensão em relação à forma como usa seu tempo. E, se você usa bem seu tempo, isso significa que você passa a ganhar cada vez mais dinheiro. No livro o autor dá dicas sobre como fazer negócios no automático. Recomendo fortemente a leitura.

FILMES

1. The Founder (Fome de Poder). Para mim, é uma pós-graduação em empreendedorismo. Além da interpretação magnífica do ator Michael Keaton, que faz o Ray Kroc, que transformou uma pequena lanchonete no gigante McDonald´s que você conhece hoje, você vai aprender que o negócio dessa empresa não é na área de alimentação. É um filme digno de ganhar um Oscar por seu valor como documento e como lição para empreendedores.

2. O Lobo de Wall Street. O Leonardo DiCaprio dá um show de interpretação neste filme que eu chamo a atenção para algo diferente dos demais... Eu recomendo que você assista ao filme para conhecer – de forma divertida, mas real – sobre o mercado de ações. Atente para a forma como são feitas essas aplicações em ações e sobre o valor efetivo de tais investimentos.

3. A Grande Aposta. Seguindo a linha do filme acima, recomendo que você assista a esse filme também. Você terá uma aula sobre como as agências de risco, bancos e corretores lidam com os recursos de milhões de investidores que acreditam em suas informações, muitas vezes completamente viciadas. Fica o alerta!

4. Piratas do Vale do Silício. O filme é antigo, mas seus conceitos são atuais. Ao contar a história de Bill Gates (Microsoft) e Steve Jobs (Apple), a trama ensina muito mais sobre detalhes decisivos desses gigantes da tecnologia que mudaram o mundo a partir de suas visões de empreendedorismo. Aprenda como dois dos grandes gênios da tecnologia chegaram lá e quais foram as principais decisões que levaram suas empresas ao topo.

5. Jobs. Já que estamos falando de tecnologia, aqui vai mais uma dica de mais um filme sobre o gênio Steve Jobs. O ator americano Ashton Kutcher perdeu alguns quilos e ensaiou bastante os trejeitos e até a forma de andar do empresário que criou a empresa da maçã mordida. Você certamente vai aprender muito sobre como a cabeça de um gênio funciona. E muito do que você aprenderá com este filme servirá para melhorar seu negócio.

6. Prenda-me se for Capaz. Coincidentemente mais uma belíssima interpretação de DiCaprio. O filme conta a saga real de um trapaceiro americano que conseguiu enganar companhias aéreas, bancos e até o FBI até ser capturado e contratado pelo próprio governo americano para ajudar no combate a fraudes.

7. À Procura da Felicidade. O filme baseia-se na história real do empreendedor Chris Gardner que, mesmo desempregado, sem casa e com um filho pequeno para criar, e abandonado pela esposa, consegue superar todos os obstáculos e fazer fortuna em um ambiente novo e bastante hostil. É emocionante, real e inspirador.

Bom, conforme falei, este capítulo serve como lembrete para que você continue sua formação e aqui estão apenas algumas dicas para que você melhore sua performance de uma forma lúdica e bastante instrutiva.

Lembre-se que você deverá acessar nossa plataforma de empreendedorismo online no site www.enriquecadormindo.com.br e, além de receber muito mais dicas e insights poderosíssimos, interagir, compartilhando ideias, sugestões e dúvidas, que poderão ser respondidas por mim, pela minha equipe e pelos demais leitores que passarão a integrar esse ecossistema de inovação e empreendedorismo.

Estou ansioso para ler, ouvir e assistir seu feedback sobre esta obra e sobre suas ideias para empreender e enriquecer dormindo.

Até lá!

Abraço e.... Suce$$0 Zzzzzzzz.

Atividades do autor e seus contatos

GRADUAÇÕES E FORMAÇÕES

Graduado em Direito e Ciências Contábeis (UFC);

Pós-Graduado em Auditoria (UNIFOR);

Mestre em Controladoria (UFC);

Doutor em Ciências Jurídicas e Sociais (UMSA);

Certificado em Docência do Ensino Superior (UFC);

Certificado em Internacional Accounting Leadership pela Anderson University - South Carolina (USA) - 2015.

ATUAÇÕES

Educador desde a adolescência;

Professor em Cursos de Graduação e Pós, e em cursos online na Unieducar;

É presidente da FEBRAFITE - (Abril/2018 a Março/2020);

Idealizador da Unieducar Universidade Corporativa - e-learning plataform[10]

Idealizador e Coordenador da Revista Semana Acadêmica[11]

Pesquisador em e-learning - Grupo CNPq - Plataforma Lattes/CNPq;

Autor dos softwares: E-Learning Plataform AVA, DFC e SAME;

É AFRE (Auditor Fiscal da Receita Estadual) - SEFAZ-CE - concurso de 93. Expert em Auditoria Fiscal e Perícia Contábil;

Missão Vale do Silício (StartSe) em San Francisco - California (USA) - 2016;

Missão Toronto em Toronto (Canadá) - 2017;

É Diretor Executivo da AUDITECE - gestão de 2017/2019;

Fundador da Escola Superior de Estudos e Pesquisas Tributárias - ESET;

Idealizador da Universidade Corporativa Febrafite[12] .

---

[10] www.unieducar.org.br

[11] www.semanaacademica.org.br

[12] ead.febrafite.org.br

RECONHECIMENTOS

Agraciado com o Prêmio Joaseiro pela AUDITECE;

Em 2013, recebeu do LinkedIn o reconhecimento Top 5% de Perfis LinkedIn 2012.

ATIVIDADES E SERVIÇOS

Palestrante nas áreas de Gestão de Carreira, Desenvolvimento Profissional, Empreendedorismo, Economia Disruptiva e Inovação;

Apresentação da Obra com Sessão de Autógrafos.

ESPORTES QUE PRATICA (AMADORISTICAMENTE)

Kitesurfing

Bike Downhill

Skate Downhill

Natação em Piscinas e Oceânica

Corrida

CONTATOS

e-mail: profjuracysoares@gmail.com

Website: www.enriquecadormindo.com.br . Mais dicas e insights serão disponibilizadas no modo online, no site, para funcionar como nosso fórum de compartilhamento de ideias. Conto com sua colaboração online, enviando provocações, sugestões e novas ideias para melhorarmos nosso debate.

VERMELHO MARINHO